Michèle **Boularès**
Jean-Louis **Frérot**

Grammaire Progressive du Français

avec 400 exercices

Corrigés

CLE
INTERNATIONAL
www.cle-inter.com

La *Grammaire progressive du français* comporte deux types d'exercices et d'activités.
Ceux qui n'appellent qu'une seule réponse (exercices ou activités fermés).
Ceux qui laissent à l'apprenant une plus grande liberté d'expression
(exercices et activités ouverts).
Pour ceux-là, ce livret fournit des propositions de réponse.

Direction de la production éditoriale : Béatrice Rego
Marketing : Thierry Lucas
Édition : Christine Ligonie
Mise en pages : AMG
Couverture : Fernando San Martín
Enregistrements : Vincent Bund

SOMMAIRE

Chapitre 1   L'article

Exercices p. 7

1 **Devant le lycée :** une, l', la, une, la, la, du
Anniversaire : l', une, des, une, un, la, des
Mail de Romain à son amie : un, l', un, les, une, une, la, une, la, les, des, la, la, le, la, un, des
À la brocante : le, le, une, les, une, des, un, les, les, des, la

2 **1.** la / D – **2.** le / C – **3.** le, l' / A **4.** la / B

3 **1.** Ne prends pas de décision aujourd'hui, attends demain ; la nuit porte conseil.
2. Ce n'est pas la peine de réfléchir plus, la situation est claire comme le jour.
3. Quand on a appris que Jules et Claire se mariaient après une séparation de cinq ans, on est restés le bec dans l'eau.
4. Ce n'est pas étonnant qu'il ait acheté une Mercedes-Benz dernier modèle ; il a la folie des grandeurs.

Exercices p. 9

1 **1.** l', le, l' – **2.** le, l' – **3.** la, le – **4.** les, la – **5.** le, le, la – **6.** l', du, l' – **7.** l', du, le – **8.** l', la, l'

3 **1.** un, les, les, les, l' – **2.** le, l', l', un – **3.** un, les, les, les – **4.** un, les, un – **5.** un, les, des, un

4 **1.** se priver – **2.** réfléchir beaucoup – **3.** faire semblant de ne pas entendre

Exercices p. 11

1 un, le, des, pas de, pas de, pas de, de, des, les, les, les, du, du, de l', la, de, le, du, du, du, de l', de la, du, du, du, du.

2 du, du, de la, de la, du, les, du, de l'.

3 les, le, le, le, la, les, des, le, la, le, le.

4 **1.** du, le – **2.** du, les – **3.** du, les.

Exercices p. 13

1 les, de, d', de, de, de, du. de la, d', des, les.

2 un, ø, ø, la, le, la, de la, de la, de la, des, de la, de, de, d', ø, ø, ø, ø, ø.

3 un, un, un, un, une, une, un, un, le, du.

4 le, la, la, l', l', des, le, du, le, des, les, des, le, des, le, les, les, les, la.

5 **1.** Interdiction de stationner. – **2.** Vente aux enchères. – **3.** Vitesse limitée à 50 km/heure.

Exercices p. 15

1 une, de, la, des, de, de, les, d', d', de.

2 la, du, le, la, la, de l', l', de l', la, du, la, les, la, des, la, du, un.

3 la, de, de, l', d'une, la, d', l', de, d'une.

4 **1.** rouge de honte – **2.** était mort de fatigue. – **3.** est folle de bonheur. – **4.** pleurait de joie. – **5.** était paralysé de peur. – **6.** criait de douleur.

5 1. d'aide, de calme, de repos – **2.** de temps, d'informations, de réflexion.

6 Il a toujours sommeil après le déjeuner. – Quand sa mère travaille, il prend soin de ses jeunes frères. – Dans son article, il fait allusion aux événements récents. – Elle a le cœur sur la main : elle est toujours prête à rendre service. – Il a voulu nous faire peur.

Exercices p. 17

1 1C, 2D, 3E, 4B, 5A.

2 **2.** Un coucher de soleil : j'aime les couchers de soleil en Afrique. – **3.** Un buffet de cuisine : j'ai besoin d'un buffet de cuisine. – **4.** L'argent de poche : c'est son père qui lui donne son argent de poche. – **5.** Un club de football : il fait partie du club de football de son quartier.

3 le, de, des, des, de, des, les, des, de, des, de, en, de, en, de, en.

4 ø, ø, ø, un, un.

5 **2.** Il a parlé avec gentillesse, avec une gentillesse inattendue. – **3.** Il s'est défendu avec courage, avec un courage admirable. – **4.** Elle a joué avec intelligence, avec une intelligence extraordinaire. – **5.** Elle l'a pris avec calme, avec un calme parfait. – **6.** Elle l'a soigné avec attention, avec une attention particulière.

6 1B, 2A, 3C.

Exercices p. 19

1 1, 2, 3, 5

2 **1.** Ouvre-moi la boîte de petits pois qui est sur la table. – **2.** Achète-moi le médicament que Catherine m'a conseillé de prendre. – **3.** Rapporte-moi le souvenir que tu voudras. – **4.** Dis-moi le mot le plus gentil que tu connaisses. – **5.** Apporte-moi le plat qui est dans le buffet de la salle à manger. – **6.** Passe-moi l'assiette qui est sur l'étagère de droite.

3 **1.** Je vous conseille d'avoir du sang-froid. – **2.** Il faudra montrer de la fermeté. – **3.** Il faut avoir de la force. – **4.** Il faut avoir de l'audace. – **5.** Il sera bien de montrer de la prudence. – **6.** Il sera utile d'avoir de la persévérance.

4 **1.** Demain il y aura un verglas dangereux pour la circulation. Le verglas est toujours dangereux pour la circulation. – **2.** Au menu, il y a un bifteck savoureux. Le bifteck est bon pour la santé. – **3.** Hier, il y avait un brouillard épais. Le brouillard est dangereux sur les autoroutes. – **4.** Je voudrais un beurre fermier. Le beurre est beaucoup utilisé dans la cuisine française. – **5.** Je prendrai un vin de Bordeaux. Le vin fait partie des habitudes de table des Français. – **6.** Donnez-moi un pain bien cuit. Le pain est un aliment de base.

Chapitre 2   L'adjectif

Exercices p. 21

1 Quatre-vingt-dix-huit moins quatre-vingt-deux égale seize.
Soixante plus dix-huit égale soixante-dix-huit.
Cent vingt-cinq multiplié par deux égale deux cent cinquante.
Cent trente-cinq divisé par dix égale treize virgule cinq.

2 trois places, une (deux) place(s), deux (une).

3 quatre, deux, trois, deux, deux, deux.

4 **1.** Le quatorze juillet est la fête nationale. – **2.** Le quinze août est la fête de l'Assomption. – **3.** Le premier novembre est la fête de la Toussaint.

5 **A. 1.** un demi – **2.** un tiers – **3.** un quart – **4.** un huitième – **5.** un tiers du gâteau – **6.** la moitié d'une orange.

6 **B. 1.** le double – **2.** le triple – **3.** le quadruple – **4.** le quintuple – **5.** le centuple – **6.** dix fois plus – **7.** vingt-cinq fois plus.

7 une quinzaine de jours, une centaine d'étudiants, une douzaine de livres, un millier d'ouvrages, une huitaine de jours.

Exercices p. 23

1 quelconque, aucune, tout, quelques.

2 quelques voyages, plusieurs articles, certains articles, aucune chance.

3 **1.** un problème quelconque, un certain problème – **2.** quelconque – **3.** plusieurs papiers, tous les papiers – **4.** quelques missions – **5.** aucune vigne – **6.** aucun arbre – **7.** aucun progrès – **8.** nul en français – – **9.** aucune envie.

4 tous les soirs, tous les matins, tous les mercredis, toutes les semaines, tous les mois, tout le monde, toute la classe.

5 l'autre, mêmes, mêmes, différents, tel, autre.

Exercices p. 25

1 Ce film récent est l'histoire extraordinaire d'une jeune femme dont l'horrible mari l'oblige à lui donner les plans précis de la banque dans laquelle elle travaille. Cette jeune femme, employée modèle sans histoire, permettra à son horrible mari de faire un hold-up sensationnel sans laisser de traces visibles mais en emportant une somme d'argent importante.

2 **1.** ravissante – **2.** noir – **3.** courte – **4.** feuillu – **5.** étrange – **6.** fantastique.

3 **1.** Il fait mauvais. – **2.** C'est un homme qui n'est pas heureux. – **3.** C'est un homme qui n'est pas riche. – **4.** C'est un homme illustre. – **5.** C'est un homme de grande taille. – **6.** C'est une vieille voiture. – **7.** C'est la voiture qu'il avait avant d'acheter la neuve. – **8.** C'est un garçon étrange. – **9.** C'est un garçon qui cherche à savoir.

4 vieilles femmes, corpulentes, ridées et voûtées qui portent de longues robes noires avec un tablier fleuri par-dessus. Elle ressemblait à une fleur fanée de l'arrière-saison avec des pétales desséchés et un parfum imperceptible. Son mari avait l'allure fière et hautaine d'un militaire. C'était un homme grand de taille et large d'épaules. Il portait des vêtements militaires, neufs et élégants. Il avait toujours un air martial. La fille aînée avait un air bête et stupide. Elle marchait d'un pas lent et hésitant. Leur fille cadette au contraire était d'humeur joviale. Elle portait le très joli prénom de Mathilde.

Chapitre 3   Les négations

1   **1.** Il ne reçoit personne le matin. – **2.** Personne n'a les examens en mai. / Aucun de nous n'a les examens en mai. – **3.** Elle ne connaît personne. – **4.** Personne ne la connaît. – **5.** Tu n'as jamais raison. – **6.** Vous n'avez rien à déclarer ? – **7.** Je ne suis content nulle part. – **8.** Le soleil ne se lève pas encore. – **9.** Il n'y a plus de pain. – **10.** Rien ne lui plaît.

2   **1.** Nous n'avons rencontré personne. – **2.** Je n'ai pas encore dîné. – **3.** Nous n'avons rien fait d'intéressant. – **4.** Je n'ai guère parlé de lui aux copains. – **5.** Nous n'avons guère regardé la télévision cette semaine. – **6.** Cet après-midi, je ne suis allé nulle part.

3   Sortons ce soir à condition de ne pas parler du chômage, de ne pas dire un seul mot de la politique, de n'évoquer aucun de nos soucis quotidiens, de ne pas du tout nous plaindre des voisins.

4   **1.** Je n'ai jamais vu personne dans ce magasin. – **2.** Je ne reçois plus personne chez moi. – **3.** Je n'ai plus rien à dire. – **4.** Elle est partie sans rien dire. – **5.** Il travaille sans jamais s'arrêter. – **6.** Il est resté toute la soirée dans un coin sans parler à personne.

1   **1.** explétif – **2.** négatif – **3.** négatif – **4.** négatif – **5.** explétif – **6.** explétif – **7.** négatif

2   **2.** Ne pas déranger – **3.** Ne pas marcher sur la pelouse – **4.** Ne pas afficher – **5.** Ne pas oublier de signer

3   **2.** Je vous promets de ne plus sortir sans vous le dire. – **3.** Je te promets de ne jamais oublier ton anniversaire. – **4.** Nous vous assurons de ne pas omettre de vous tenir informés de l'évolution de votre compte. – **5.** Je vous promets de ne rien oublier de nos engagements.

4   **2.** On est furieux de ne pas être invités au mariage. – **3.** Je suis nerveux de ne pas avoir reçu mon visa. – **4.** Il est triste de ne jamais recevoir de nouvelles d'elle. – **5.** Le médecin m'a conseillé de ne plus faire de sport pendant six mois.

5   **1.** Ne manquez pas cette expérience unique ! Visitez Paris à 150 m d'altitude !
2. N'oubliez pas notre invitation ! Venez découvrir l'Observatoire des Papillons !
3. Ne consommez pas n'importe quoi ! Mangez BIO !

Bilan n° 1   Exercices p. 30 à 33

1   **1.** de, les, les gants bien fourrés – **2.** de, les, les pulls faciles à laver – **3.** d'un, les, le jazz classique – **4.** d'un, les, les petits sacs à dos – **5.** des, les, les jeux japonais.

2   du fromage : un camembert ; des fruits : des raisins, des pommes ; des légumes : des haricots verts, un chou-fleur, de la salade ; un litre d'huile ; trois litres de lait ; quatre bouteilles d'eau minérale ; deux paquets de café; un kilo de sucre et une demi-livre de beurre.

3   **1.** du, le, un, un – **2.** du, le, une, de, un – **3.** de, une, aux, une, la, la, un – **4.** de, la, l', un, d', des, de, de.

4   L'action AGF... C'est la première fois en un mois. Dans le Sud-Ouest, les bœufs et les vaches perdent un tiers de leur valeur.

5 1. autre – **2.** quelconque – **3.** quelques, quelques – **4.** aucune, aucune, aucun – **5.** tous, toutes, tous – **6.** chaque, chaque, chaque – **7.** telle – **8.** mêmes – **9.** différents.

6 1. magnifiques, hauts, longues, noir – **2.** beaux, simples, raffinés, chaleureuse, séduisante, imbattables – **3.** sophistiqué, ravissante, bleu nuit, argentés – **4.** grandes, anglaises, naturel – **5.** envoûtant, luxueux, arrondies, absolu.

7 1. Nous n'avons pas encore les résultats. – **2.** Le film n'est jamais passé sur la 3e chaîne. – **3.** Ma grand-mère ne fait plus son pain. – **4.** Je n'ai vu cette affiche nulle part. – **5.** Ils ne vont plus à la campagne le samedi. – **6.** Il t'a dit ça sans plaisanter ? – **7.** Dans notre région, il ne neige guère. – **8.** Ils n'ont rencontré aucun problème.

8 1. sans aucune excuse, pas une seule excuse (pas la moindre excuse). – **2.** sans aucun bruit, pas un seul bruit (pas le moindre bruit). – **3.** sans aucune explication, pas une seule explication (pas la moindre explication). – **4.** sans aucun diplôme, pas un seul diplôme (pas le moindre diplôme).

9 Il n'osa pas prendre une douche... il ne s'était pas réveillé si tôt. ... il ne pourrait pas franchir la frontière.

10 1. Je n'ai jamais vu personne ... – **2.** Je ne vois absolument rien. – **3.** Elle est sortie sans rien dire. – **4.** en ne saluant personne. – **5.** Je n'ai rencontré ni Marie ni Arnaud. – **6.** Ni lui ni moi ne sommes sensibles à la peinture moderne. – **7.** Il ne fume guère. – **8.** Elle n'y allait ni le matin ni le soir. – **9.** Nous ne les voyons plus.

Chapitre 4 Les temps de l'indicatif

Exercices p. 35

1 1. Je suis en train de vérifier le sens d'un mot. – **2.** Ce n'est pas possible. – **3.** Ce n'est pas possible. – **4.** Elle est en train de préparer sa valise.

2 se lève, allume, écoute, s'habille, déjeune, quitte, sort/va, se dirige, prend, rentre.

3 part, avons, passons, arrivons.

4 tombe, est à une dizaine, le plus sportif dit qu'il est volontaire, il revient.

Exercices p. 37

1 s'abattait, accueillait, était, faisait mourir, fuyaient, couvraient, racontait, pouvait résister, donnaient.

2 s'est disputés, est parti, ai éclaté, ai retrouvé, ai pris, ai avalé, me suis jetée, a sonné, n'ai pas répondu, ai dormi, me suis réveillée, ai pensé, a frappé.

3 a répondu, a ajouté, l'a regardé, a commencé, s'est mis à s'enfuir, l'a forcé, l'a entendu.

Exercices p. 39

1 1. ils n'existaient pas encore – **2.** elles étaient déjà construites – **3.** elle existait.

2 Pour la fête de Noël, toute la famille se réunissait. Nous allions chez mes grands-parents, qui avaient une grande maison avec un grand jardin. J'étais heureux de retrouver tous mes cousins et cousines la veille de Noël. On décorait le sapin tous ensemble. On se cachait pour emballer nos derniers cadeaux. On allait se coucher très tôt parce que le lendemain on voulait se réveiller tôt pour découvrir les cadeaux avec lesquels on jouait toute la journée.

(3) qu'il voulait partir, qu'il étouffait ici, qu'il voulait voir et connaître autre chose, qu'il en avait assez, qu'il ne supportait plus, qu'il avait envie.

(4) lui offrait une montre, elle en a déjà deux, une bague, on achetait une bague avec une pierre précieuse.

(5) 1. comme s'il allait s'évanouir. – 2. comme si elle avait de la fièvre (honte, un coup de soleil). – 3. comme s'il allait à la noce. – 4. comme si c'était un jour de fête.

(6) 1. et nous sortions – 2. et nous avions un accident – 3. et elle le giflait.

Exercices p. 41

(1) 1. a neigé – 2. a veillé – 3. a atterri – 4. ai rassemblé, a rédigé – 5. est né.

(2) l'ai rencontré, j'étais, m'a parlé, j'ai rougi, c'était, m'a demandé, pouvais, m'a souri, m'a regardée, j'étais, pouvais.

(3) 1. et il l'est encore – 2. et je ne peux pas répondre aux questions – 3. et j'ai une bonne note en latin – 4. et nous sommes fatigués.

(4) 1. impossible – 2. impossible – 3. possible (fut libéré) – 4. impossible – 5. impossible.

(5) 1. Si le train est déjà parti, tu prendras le car. – 2. Si tu n'as pas fermé le compteur, tu risques un court-circuit. – 3. Si tu as perdu ta carte bancaire, téléphone vite à la banque.

Exercices p. 43

(1) naquit, c'était, il fit, il apprit, il fut, c'était, il décida, ne dura pas, fut mis, ne se découragea pas, il commença, il s'installa, il critiqua, lui valut, il combattit, fut, rendirent, furent, il mourut.

(2) s'échoua, interdit, mirent, s'empara, donna, voulut.

(3) La première journée fut sans histoire (sans problème). – Le lendemain, la radio annonça une forte dépression droit devant. – Pendant la semaine qui suivit, le vent souffla à près de 200 km/h. Des vagues énormes secouèrent le bateau. – Le dixième jour fut le plus dur et le plus angoissant. – Trois jours durant, je ne pus mettre un pied sur le pont. – Toutes ces nuits-là, je ne réussis pas à fermer l'œil (dormir), craignant à tout instant que le bateau chavire. – Un matin, au lever du jour, je constatai que le vent était tombé, que le ciel était dégagé. Le calme était revenu.

Exercices p. 45

(1) On installera le buffet dans l'entrée. Claude choisira la musique. Marie s'occupera du vestiaire. Les garçons apporteront les boissons et les filles feront les gâteaux. Il y aura de l'ambiance…

(2) nous partirons, nous arriverons, nous prendrons, nous embarquerons, nous débarquerons.

(3) Le matin : il y aura des pluies…, le reste du pays sera ensoleillé sauf dans l'Est où il y aura… L'après-midi : il y aura des éclaircies, le ciel sera couvert, la température sera… Le soir : il y aura un léger refroidissement, il y aura des risques…

(4) Les taureaux sont sur le point d'entrer. Attention, ils vont entrer ! Ça y est, ils entrent. Ils sont entrés.
Les chevaux sont sur le point de s'élancer. Attention, ils vont s'élancer ! Ça y est, ils s'élancent. Ils se sont élancés.

Les joueurs sont sur le point de gagner. Attention, ils vont gagner ! Ça y est, ils gagnent. Ils ont gagné.

Les athlètes sont sur le point d'arriver. Attention, ils vont arriver ! Ça y est, ils arrivent. Ils sont arrivés.

Les coureurs sont sur le point de démarrer. Attention, ils vont démarrer ! Ça y est, ils démarrent. Ils ont démarré.

Exercices p. 47

1 1. elle regardait… qu'elle avait loué… – **2.** elle notait… qu'elle avait entendue… – **3.** elle cuisinait… qu'il avait tué… – **4.** il réparait… qu'il avait cassée…

2 1. a pris, achète – **2.** s'est réveillée, écoute – **3.** a donné, obéissent – **4.** avons appris, autorise.

3 1. Il a gagné la course, il est champion du monde. – **2.** Nous avons beaucoup travaillé, nous prenons des vacances. – **3.** Elle a trop regardé la télévision, elle a mal aux yeux. – **4.** Il a beaucoup voyagé, il reste à la maison.

4 1. Nous aurons terminé…, nous irons déjeuner ensuite. – **2.** Ils auront rencontré les syndicats…, ils nous informeront alors. – **3.** Nous aurons fini l'expérience…, nous saurons enfin la vérité. – **4.** Nous aurons bientôt reçu sa réponse…, nous déciderons alors.

5 1. Après qu'ils seront entrés dans le magasin, nous entrerons à notre tour. – **2.** Dès qu'ils seront sortis, nous irons voir ce qu'il y a dans l'appartement. – **3.** Une fois que le travail sera fini, nous les paierons, pas avant.

Exercices p. 49

1 1. Bien sûr puisqu'il a dit qu'il serait là… – **2.** Bien sûr puisqu'elle a dit qu'elle t'aiderait… – **3.** Bien sûr puisqu'elle a dit qu'elle viendrait… – **4.** Bien sûr puisqu'elle a dit qu'elle resterait… – **5.** Bien sûr puisqu'il a dit qu'il réussirait…

2 1. nous serions partis avant midi – **2.** des élections auraient eu lieu avant l'été – **3.** des mesures seraient prises avant la fin de la semaine – **4.** l'affaire serait terminée dans 48 heures – **5.** tout serait réglé avant le 31 mars.

3 1. Il fallait… ? Mais bien sûr, il aurait fallu me téléphoner tout de suite. – **2.** Il fallait… ? Mais bien sûr, il aurait fallu m'écrire tout de suite. – **3.** Il fallait… ? Mais bien sûr, il aurait fallu m'appeler tout de suite. – **4.** Il fallait… ? Mais bien sûr, il aurait fallu me prévenir tout de suite.

4 1. 2. 3. qu'elle allait nous punir. – **4. 5. 6.** qu'il était sur le point de quitter New York.

Bilan n° 2   p. 50-51

1 c'était, nous avions décidé, n'étions encore jamais allés, avions réservé, étions arrivés, faisait beau, a conduits, a accueillis, a montré, avons défait, étions, sommes sortis, s'annonçait, allait être.

Après une journée de visites et d'achats, nous sommes rentrés épuisés à l'hôtel. Nous avons pris une douche, nous nous sommes changés et sommes sortis dîner. Après un dîner dans un restaurant exotique nous…

2 s'éveilla, avait fait, avait tiré, trouva, présenta, portait, pria, sourirent, consistait.

3 bougera, sortirez, commencera, accélérera, faudra, ne sera pas, soufflera, touchera, sera.

4 1. je travaillerai – 2. nous économiserons un peu plus – 3. je ferai du tennis – 4. aurait des enfants – 5. étudie, étudiera – 6. viendrait – 7. seraient retrouvés – 8. sera là.

5 1. décollerons, arriverons – 2. va passer – 3. va pleuvoir – 4. nous retrouverons – 5. va arriver – 6. va descendre, va rentrer.

6 1. qu'il aura fini sa conférence – 2. elle aura accompagné les enfants à l'école – 3. qu'il s'était rasé – 4. j'aurai réfléchi – 5. qu'ils seraient arrivés.

Chapitre 5   Le subjonctif

Exercices p. 53

1 1. j'apprenne à conduire – 2. nous sortions – 3. je parte – 4. nous y allions – 5. nous en fassions – 6. je lui écrive.

2 elle ait, soient, pétillent, sortent, elle sache, elle fasse, elle me dise.

3 1. Je ne pense pas qu'il le fasse. – 2. Je ne crois pas qu'il le dise. – 3. Je ne pense pas qu'il la suive. – 4. Je ne pense pas qu'il parte. – 5. Je ne crois pas qu'il guérisse vite. – 6. Je ne crois pas qu'elle y aille.

4 vérifiiez, fassiez, remplissiez, complétiez, nettoyiez, assuriez.

Exercices p. 55

1 1. qu'elle dise des mensonges sans arrêt. – 2. nous allions au cinéma. – 3. qu'il fasse chaud ou froid.

2 connaisse, sache, puisse, ait, soit.

3 ne partes, fasses une liste des personnes à contacter, dises si elles sont disponibles, donnes leur numéro de téléphone, reviennes, je t'envoie mes amitiés.

4 réussisse à son examen, trouve du travail, fasse de bonnes parties de pêche, guérisse vite.

5 1. Vous passerez la frontière à condition que/pourvu que vous ayez un visa. – 2. À condition que/pourvu que vous ayez une invitation, on vous laissera rentrer. – 3. Vous pouvez participer à notre fête à condition que/pourvu que vous soyez déguisés.

6 1. Bien qu'il soit le meilleur, il perd souvent. – 2. Quoi que tu fasses et quoi que tu dises, il ne comprend rien. – 3. Où que je sois, pour moi c'est toujours la même chose. – 4. Il m'est arrivé une histoire peu agréable sans que je sache pourquoi.

Exercices p. 57

1 1P, 2S, 3P, 4S, 5P, 6P, 7S.

2 1. que la lettre se soit perdue – 2. qu'il ait répondu aussitôt – 3. que cette fiche soit envoyée – 4. est navrée qu'il ait perdu son portable – 5. est émue que nous ayons beaucoup pensé à elle – 6. est déçu que vous lui ayez menti – 7. est triste qu'elle ne l'ait pas attendue – 8. ne nie pas qu'il ait fait preuve de courage.

3 ayez fini, que vous ayez tout nettoyé, que vous soyez allés jeter les ordures, que vous ayez mis, que vous soyez propres et bien habillés…

Exercices p. 59

1 1. aura du retard – **2.** ait du retard – **3.** est réussie – **4.** soit réussie – **5.** faisons/avons fait un bon choix – **6.** fassions/ayons fait un bon choix – **7.** va mieux – **8.** aille mieux – **9.** c'est – **10.** ce soit.

2 1. viennent – **2.** viennent – **3.** finirons – **4.** finissions – **5.** veut – **6.** veuille – **7.** soyons invités – **8.** soyons invités – **9.** serons invités – **10.** sommes/serons invités.

3 1. avaient quitté – **2.** ne soient plus – **3.** allaient diminuer/diminueraient – **4.** soient meilleures – **5.** as l'air fatigué – **6.** fasses – **7.** s'arrangera – **8.** allions – **9.** réussira – **10.** réussisse.

Exercices p. 61

1 1. ne fasse jour – **2.** seront partis – **3.** ne pleuve plus – **4.** ne se sera pas arrêtée – **5.** regardait – **6.** puisse dormir – **7.** demandait – **8.** se soit excusé – **9.** fait beau – **10.** ait fait beau – **11.** ait – **12.** avait neigé – **13.** revienne – **14.** seront arrivés – **15.** partait/est parti – **16.** n'ait pas été bonne – **17.** ne pleut pas – **18.** ne pleuve pas.

2 1. voulait – **2.** veuilles – **3.** aie fait une erreur – **4.** sorte tous les soirs – **5.** viendrait – **6.** fassions – **7.** êtes fatigués – **8.** trouvions – **9.** sont/seront ouverts – **10.** obtienne.

Chapitre 6   Le conditionnel

Exercices p. 63

1 pourrait, pourrait, pourrait.

2 Nous serions venus, il aurait fallu, il aurait fallu, il aurait fallu que le temps...

3 Il a dit qu'il téléphonerait quand il arriverait... Il a dit qu'il faudrait aller le chercher parce qu'il serait chargé... Il a dit qu'il nous attendrait le temps qu'il faudrait... Il a dit qu'il resterait...

Exercices p. 65

1 Nous habiterions dans une île du Pacifique. Là-bas tout serait calme, harmonieux. Notre habitation serait faite simplement et nous serions entourés d'une végétation multicolore. Nous vivrions de notre pêche et des fruits que nous cueillerions. Quelques amis viendraient nous voir. Je passerais la plus grande partie de mon temps à nager et à lire...

2 Ça me ferait plaisir de revoir... J'aimerais tellement pouvoir discuter avec eux... Ce serait agréable de faire de longues... Ce serait sympathique de se retrouver avec eux... Je voudrais bien écouter de la musique...

3 J'aurais voulu être marin mais mes parents n'ont pas voulu. J'aurais pu alors courir les mers et les océans. J'aurais aimé affronter le vent, la pluie et la tempête mais je ne suis jamais parti en mer. J'aurais apprécié de faire la fête en rentrant au port mais je n'ai jamais navigué. J'aurais préféré rencontrer d'autres gens, découvrir d'autres pays mais j'ai toujours vécu dans ma ville natale.

4 1. Il aurait fallu. – **2.** Vous auriez dû. – **3.** Tu aurais dû. – **4.** Elle aurait pu.

⑤ Le numéro 1… serait accusé de… Une grande compagnie… aurait donné à ce dirigeant… L'accusation serait faite… Il s'agirait de… Son parti aurait même… demandé sa démission.

Exercices p. 67

① 1. Pourriez-vous me donner… – 2. Tu ferais mieux de mettre ton manteau… – 3. Tu pourrais lui téléphoner et l'inviter… – 4. Tu devrais lui écrire pour… – 5. Il vaudrait mieux que tu ailles voir le médecin. – 6. Tu ferais mieux d'aller à l'hôpital. – 7. On pourrait/nous pourrions leur prêter un peu d'argent…

② Son avion devrait arriver… Il devrait sortir de l'aéroport… Il devrait mettre une heure… Il devrait être à son hôtel vers 21 h 45.

③ 1. j'irais voir des expositions tous les jours. – 2. nous irions souvent à la plage. – 3. elle m'épouserait – 4. tu approuverais mon choix. – 5. tu pourrais comprendre ce qu'il dit. – 6. on sortirait plus souvent. – 7. j'achèterais un avion. – 8. ce serait plus agréable.

Bilan n° 3   p. 68-69

① 1. On pourrait leur offrir un livre d'art. – 2. je devrais en recevoir une cette semaine. – 3. je partirais en train. – 4. Vous auriez pu faire attention. – 5. Il faudrait que tu t'informes. – 6. elle devrait se soigner.

② … mon salaire augmenterait, qu'on me donnerait un appartement confortable dans un quartier tranquille, que je partirais souvent en mission à l'étranger, que je bénéficierais des congés scolaires et en fait je n'ai rien eu de tout cela.

③ a. Il vaudrait mieux que tu te fasses vacciner. Tu ferais bien d'emporter une trousse de médicaments. Tu devrais aussi emporter une moustiquaire.

b. Tu aurais pu faire des efforts pour réussir ton année. Tu aurais dû nous parler de tes difficultés dans certaines matières. Tu aurais pu faire attention à tes dépenses…

c. Nous pourrions aller en Normandie le week-end prochain. On pourrait partir en train et louer une voiture sur place…

d. Il y aurait des élections anticipées. Le Président devrait en parler dès demain à la télévision…

④ veulent se marier, veniez, fera, fera, puissent, puissions, aient, comprendrais.

⑤ 1. m'écriras – 2. était – 3. nous réunissions – 4. faille s'inquiéter – 5. reviendrait – 6. ayons – 7. pleut – 8. pleuve – 9. partions – 10. dises – 11. téléphoniez – 12. n'irez pas – 13. alliez – 14. est – 15. soit – 16. va neiger – 17. soit venu.

Chapitre 7   L'infinitif

Exercices p. 71

① 1. Il faut réfléchir avant de répondre. – 2. Vous devez fermer la porte derrière vous. – 3. Il est préférable de ne rien dire. – 4. Il est interdit de se pencher. – 5. Il vaut mieux ne rien dire de cette affaire.

② 1. Nous espérons être partis avant 7 heures. – 2. Je pense être arrivé(e) avant la nuit. – 3. lui avoir reproché quoi que ce soit. – 4. avoir été suivi(e) par qui que ce soit. – 5. l'avoir déjà rencontré.

3 1. Il aime la course, le saut et la natation. – **2.** Il aime la boxe, la plongée et le tir à l'arc. – **3.** Elle aime le chant, la lecture et surtout la peinture, mais par-dessus tout, elle aime la/les promenades.

4 de, de, sans, après, pour.

5 Pour faire une tarte au citron, il faut d'abord faire une pâte sablée puis préparer une crème au citron. Pour la pâte : prendre un saladier ; y mettre 170 grammes de farine et y verser 40 grammes d'amandes en poudre et 120 grammes de beurre coupé en morceaux. Ajouter 1 œuf entier et malaxer le tout. Laisser cette pâte de côté et préparer la crème...

Exercices p. 73

1 1. Elle est allée voir ses grands-parents. – **2.** Il est allé chercher du secours. – **3.** Il est allé prendre un manteau dans sa chambre. – **4.** Je vais poster le courrier. – **5.** Il est allé attendre ses amis à l'aéroport.

2 1. prendre – **2.** attendre – **3.** faire – **4.** regarder – **5.** prendre.

3 1. pouvoir – **2.** devoir aider – **3.** avoir – **4.** être.

4 1. arriver à temps – **2.** vous rencontrer – **3.** attendre son retour – **4.** prendre une douche froide – **5.** se dépêcher.

5 1. J'ai vu les troupeaux traverser... – **2.** J'ai aperçu les chasseurs poursuivre... – **3.** Elle a senti le sol s'ouvrir... – **4.** Nous avons entendu la radio annoncer... – **5.** Vous avez senti quelque chose bouger... – **6.** J'ai vu les voleurs s'enfuir...

Chapitre 8   Le participe présent

Exercices p. 75

1 1. C'est un tableau représentant... – **2.** ... ce poisson ayant... – **3.** ... c'est ma fille dansant... – **4.** C'est un livre dépeignant la vie...

2 1. n'ayant pas rempli – **2.** ayant obtenu – **3.** ayant été achetés – **4.** ayant réussi au baccalauréat.

3 1. Cherchons appartement ayant vue sur la mer. – **2.** Recherchons voiture diesel ayant moins de 1 000 km. – **3.** Offrons chiens et chats possédant un pedigree. – **4.** Engageons commercial sachant...

4 1. Le 23 étant un jour férié, aucun magasin n'est ouvert. – **2.** Le film ayant eu peu de succès, il a été rapidement retiré des salles. – **3.** Le brouillard s'étant levé, ils ont décidé de dormir en route.

Chapitre 9   Le gérondif

Exercices p. 77

1 1. Il lit son journal en fumant la pipe. – **2.** Elle mange des amandes en regardant la télévision. – **3.** Il fait ses devoirs en écoutant de la musique. – **4.** Il chante en conduisant sa voiture.

2 1. en atterrissant – **2.** En traversant Lyon. – **3.** en descendant – **4.** En amorçant le virage – **5.** En entreprenant cette affaire.

(3)   **1.** le moyen – **2.** la simultanéité – **3.** la condition – **4.** la simultanéité – **5.** la cause – **6.** l'opposition.

(4)   1e, 2f, 3d, 4a, 5b, 6c.
1. Elle s'est cassé un bras en glissant sur… – **2.** En arrêtant de fumer, vous ne tousserez plus. – **3.** Elle s'est brûlée en faisant la cuisine. – **4.** Je n'arriverai pas… tout en économisant autant… – **5.** En prenant le métro, tu iras plus vite. – **6.** Elle est toujours… tout en s'habillant pour pas cher.

Chapitre 10   L'adjectif verbal

Exercices p. 79

(1)   **1.** est une couleur voyante. – **2.** sont des enfants bruyants. – **3.** est un enfant souriant. – **4.** sont des femmes charmantes. – **5.** sont des articles intéressants.

(2)   précédente, précédant, convergentes, divergeant, convainquant, excellent, influent, intrigant, adhérent.

(3)   **1.** remuant – **2.** était provocante – **3.** est négligent – **4.** c'était une marche fatigante – **5.** c'est un spectacle enthousiasmant – **6.** c'était une chaleur suffocante.

(4)   **1.** le jour précédant la rentrée – **2.** Ses arguments étaient convaincants – **3.** Cet enfant est fatigant. – **4.** C'est une personne influente. – **5.** On l'a aperçu émergeant de l'eau.

Chapitre 11   La forme passive

Exercices p. 81

(1)   Une bombe a été placée par les autonomistes… des mesures de sécurité ont été prises par le Premier ministre. Plusieurs services ont été mobilisés par le ministre… Ces mesures étaient attendues depuis longtemps par l'opinion publique.

(2)   Le gouvernement a trouvé une solution à la crise… L'Union européenne et le gouvernement français verseront rapidement aux éleveurs des subventions… Les services des douanes prendront des mesures pour empêcher…

(3)   **1.** Trois suspects ont été arrêtés… – **2.** Un vaccin pourrait être mis au point… – **3.** Une conférence au sommet sera organisée… – **4.** Agassi a été battu par Sampras… – **5.** La loi a été abrogée en 1985. – **6.** La peine de mort a été abolie en 1981.

(4)   **1.** La France est arrosée par quatre grands fleuves. – **2.** Ses mesures sont prises au sérieux par l'opinion publique. - **3.** Une fuite d'eau a été constatée par le nouveau locataire. – **4.** Impossible. – **5.** Les détails de l'accident ont été exagérés par la presse. – **6.** Impossible. – **7.** Ce garçon était aimé de tout le monde.

Exercices p. 83

(1)   La population a été alertée. De forts orages ont été annoncés … De fortes précipitations et inondations … ont été prévues. Des pluies exceptionnelles … ont été remarquées. Les vacanciers ont été mis en garde contre la sécheresse …

(2)   Il était connu et apprécié de tout le monde. Sa maison était ouverte… Sa bibliothèque était composée de livres… Les murs étaient couverts de… Les coins… étaient remplis d'objets exotiques.

(3) 1. Cette situation se rencontre souvent. – **2.** Cette expression s'emploie de moins en moins. – **3.** La violence s'utilise de plus en plus. – **4.** Ce type de livres ne se publie pas beaucoup. – **5.** Ce genre de phénomène se voit souvent. – **6.** Ce pull doit se laver à l'eau froide.

(4) 1. Elle s'est fait renverser par une voiture. – **2.** Il s'est fait agresser dans la rue et n'a pas réagi. – **3.** Ils se sont fait punir par le maître. – **4.** Il s'est laissé séduire par son sourire. – **5.** Vous vous êtes fait battre et vous ne vous êtes pas défendu ? – **6.** Elle s'est laissé entraîner dans une histoire bizarre.

Chapitre 12   La forme pronominale

Exercices p. 85

(1) 1. te couches tard, me couche. – **2.** se couche tard, il se couche tard. – **3.** se couchent tard, elles se couchent de bonne heure.

(2) 1. Elle s'est assise au volant de sa vieille voiture. Elle s'est regardée un instant… Elle s'est allumé une cigarette… Elle s'est mise à penser… Elle s'est mise à pleurer… Son regard s'est fixé…

(3) Elle s'est lavé les dents puis s'est brossé les cheveux… Elle s'est regardée dans la glace et s'est demandé comment

(4) **Verbes non réciproques :** elle s'absente, ils se dépêchent.
Ils se sont vus régulièrement… Quand elle s'est absentée, ils se sont écrit… se sont téléphoné… ils se sont appelés la nuit. Quand elle est revenue, ils se sont rencontrés au café de la Gare où ils se sont attendus… ils se sont dépêchés…

(5) 1. s'en sont allés (se sont en allés). – **2.** s'est souvenue. – **3.** s'est moquée. – **4.** se sont méfiées. – **5.** se sont enfuies.

Chapitre 13   La forme impersonnelle

Exercices p. 87

(1) 1. **a.** il y aura, il y aura, il y aura, il ne pleuvra pas.
b. Il fera beau en matinée sur la région Poitou-Charentes puis il y aura des nuages en fin de journée. Dans la région Centre-Limousin, il n'y aura pas beaucoup de soleil ; il y aura des nuages avec toutefois quelques éclaircies en fin de journée.
c. Il y aura du soleil sur la région méditerranéenne. Il y aura un ciel bleu sur la Corse avec une augmentation de la température.

(2) 1. que je dorme, il est tard – **2.** que tu le fasses – **3.** les meilleurs gagnent – **4.** composer un poème sur le thème de la liberté – **5.** que j'oublie – **6.** le temps se soit amélioré.

(3) 1. Il a été répondu que… – **2.** Il a été décidé que… – **3.** Il nous a été permis de… – **4.** Il a été défendu de… – **5.** Il a été interdit par les autorités de pêcher…

Bilan n° 4   p. 88-89

(1) 1. impossible – **2.** Nous pensons accepter… – **3.** Il croit toujours avoir raison – **4.** impossible – **5.** Il espère pouvoir régler le problème.

2 1. avoir vu – 2. avoir dit – 3. s'être expliqués – 4. d'avoir oublié – 5. d'être venue.

3 1. souriantes – 2. En dormant – 3. étant arrivés – 4. négligent – 5. précédant – 6. tout en sachant.

4 1. pouvant, puissant. C'est un train pouvant rouler à 320 km à l'heure. C'est un homme puissant. – 2. sachant, savant. C'est une personne sachant parler cinq langues. C'est un singe savant. – 3. fatiguant, fatigant. Cet exercice fatiguant beaucoup les jeunes sportifs, nous faisons toujours de la relaxation à la suite de cet exercice. C'était un voyage intéressant mais fatigant. – 4. communiquant, communicant. C'est une chambre communiquant avec la salle de bains. Vous connaissez le principe des vases communicants ? – 5. excellant, excellent. Sandrine excellant dans les matières littéraires a choisi de préparer une agrégation de littérature. C'est un vin excellent.

5 On a cambriolé le musée. On a volé des toiles ainsi que divers objets. Depuis ces derniers mois on a constaté une augmentation des vols. Mais parallèlement on n'a pas remarqué d'augmentation des succès de la police ni une amélioration de son image. On a même constaté une campagne de calomnies dans une certaine presse.

6 s'est arrêtée, s'est aperçue, s'est dirigée, s'est renseignée, s'est approchée, se sont parlé, s'est rendu compte.

7 1C, 2D, 3E, 4F, 5B
1. Il est arrivé un drame chez les voisins : le vieux grand-père est mort. – 2. Il ne reste qu'une demi-baguette, j'ai oublié d'aller chercher du pain. – 3. Il se passe toujours des incidents le jour de cette manifestation et la police est présente dans toute la ville. – 4. Il s'est produit un accident sur l'autoroute de l'Ouest à cause du brouillard. – 5. Il manque deux chaises : prenons les tabourets qui sont dans la cuisine. – 6. Il vaut mieux partir tout de suite ; il pourrait y avoir des embouteillages plus tard.

8 1. cette situation continue – 2. nous devons réagir – 3. que tu viennes avec nous. – 4. tu prennes le temps de réfléchir – 5. vous receviez le même salaire que les autres – 6. nous viendrions en avion. – 7. nous partirions ensemble.

Chapitre 14   Le discours indirect

Exercices p. 91

1 1. Elle demande quand on ira à Pau. – 2. Il veut savoir pourquoi nous nous disputons. – 3. Elle ne sait pas comment j'irai à l'aéroport. – 4. Nous cherchons à comprendre ce qui la rend triste. – 5. Il demande ce qu'on fait ce soir. – 6. Elle ignore où il est parti. – 7. Il veut savoir avec qui nous partons en vacances. – 8. Elle demande si tu as compris. – 9. Elle veut savoir laquelle tu préfères. – 10. Ils demandent quel cadeau lui ferait plaisir. – 11. Elle demande si nous sommes prêts.

2 1. de répondre avant jeudi. – nous répondions/je réponde avant jeudi. – 2. de parler plus fort. – qu'il parle plus fort. – 3. de partir avant midi. – nous partions / je parte avant midi. – 4. d'y aller ensemble. – nous y allions ensemble. – 5. d'arrêter de crier. – nous arrêtions/j'arrête de crier. – 6. de ranger nos affaires. – nous rangions nos affaires. – 7. de se dépêcher. – nous nous dépêchions/je me dépêche.

3 1. si je peux lui prêter mon vélo. – 2. quand nous irons/j'irai le voir. – 3. qu'il a laissé ses clés dans ma voiture. – 4. où elle a pu laisser ses lunettes. – 5. qu'il a rencontré ma sœur devant chez lui. – 6. si nous pourrons/je pourrai l'accompagner. – 7. si je peux/je pourrais lui prêter le mien. – 8. où nous avons rangé/j'ai rangé sa veste.

Exercices p. 93

1 ... qu'il n'a pas tué le caissier et qu'il n'a pas emporté les lingots d'or ; il déclare qu'il n'a pas volé la voiture du directeur pour la simple raison qu'il était venu encaisser un chèque et qu'il était rentré en métro.

2 ... m'écrivait de Cuzco où il était enfin arrivé après un voyage épuisant. Il m'a dit qu'ils avaient dû faire une escale technique à Asunción, ce qui lui avait permis de voir les chutes du Paranà et que c'était grandiose. Il m'expliquait dans sa lettre que, comme il n'y avait pas de quoi réparer le réacteur, ils avaient attendu dans un hall non climatisé, sans rien à boire ni à manger (et que cela avait été l'horreur pendant 6 heures). Il me racontait que, enfin, ils avaient pu repartir avant d'être morts de faim et de soif. Il m'a confié qu'à l'arrivée il aurait voulu aller se coucher sans attendre mais que, comme le consul était venu les chercher, il n'avait pas pu refuser son invitation à dîner. Il me disait que j'allais être surprise d'apprendre que pendant cette soirée, il avait revu notre ami Jean-Christian... Il a terminé sa lettre en me promettant qu'il me raconterait tout ça dans sa prochaine lettre.

3 Chère Isabelle,

Je t'écris à nouveau pour te parler de Jean-Christian. Je t'annonce que Jean-Christian s'est enfin marié et que sa femme est péruvienne. Il l'a rencontrée quand il était en poste à Lima et ils se sont mariés peu de temps après. Jean-Christian est maintenant en poste à Caracas mais lui et sa femme seront à Paris en août ; nous nous sommes promis de passer une soirée ensemble en été ; je te contacterai alors et ce serait sympathique que nous puissions tous nous revoir, etc.
Pierre m'a écrit. Dans sa lettre il m'a annoncé que Jean-Christian s'était enfin marié, que sa femme était péruvienne. Il m'a expliqué qu'il l'avait rencontrée quand il était en poste à Lima et qu'ils s'étaient mariés peu de temps après. Pierre m'a informée que Jean-Christian était maintenant en poste à Caracas mais que lui et sa femme seraient à Paris en août. Il m'a dit qu'ils s'étaient promis de passer une soirée ensemble en été. Il a terminé sa lettre en me disant qu'il me contacterait alors et que ce serait sympathique que nous puissions tous nous revoir...

Exercices p. 95

1 la veille, soirs précédents, le soir même, le lendemain, la veille, journée.

2 demandait de venir le lendemain au château vers cinq heures. Elle ajoutait qu'elle l'y attendrait. Elle lui expliquait qu'elle avait aperçu la veille leur ami Charles de ... qui lui avait fait part de son inquiétude de devoir quitter le pays le mois suivant. Elle précisait qu'elle lui raconterait tout dans les détails...
Elle terminait sa lettre en lui expliquant qu'elle avait promis à Charles de lui donner le résultat de leur entretien dès le surlendemain et en le priant d'être au rendez-vous.

3 me dire qu'il arriverait demain matin à Charles-de-Gaulle, qu'il passerait la matinée à la Bibliothèque nationale, qu'en fin de matinée, il déjeunerait avec le professeur Godant, qu'en début d'après-midi, il irait voir son éditeur, qu'en fin d'après-midi il aurait encore quelques rendez-vous mais que nous pourrions nous voir après cela vers 19h30 et qu'en fin de soirée, il reprendrait son avion pour Madrid.

Chapitre 15   L'adverbe

Exercices p. 97

1 trop, un peu, assez, un peu de.

2 très, tellement, très, si.

3 **1.** Elle est moins grande que lui. – **2.** Elle est plus gentille que lui. – **3.** Elle n'est pas aussi intelligente que lui. – **4.** Il y a moins d'hommes que de femmes à cette fête. – **5.** Je n'ai pas eu autant de chance que toi. – **6.** Elle est de moins en moins jeune.

4 Hier j'ai assisté à un concert de musique. Aussitôt après l'entrée des musiciens sur la scène, la salle s'est tue. Nous avons écouté alors un concerto pour violon, ensuite la Symphonie n° 9 de Beethoven. Le concert a duré longtemps. Aujourd'hui j'ai eu des difficultés à me réveiller.

5 d'ailleurs, (tout) près, nulle part, ici.

6 par hasard, bien/mal/mieux. Il l'a fait exprès, ensemble, bien, pire.

Exercices p. 99

1 – Tu as revu Pierre peut-être ? – Oui, bien sûr. Il voulait que nous sortions. On est évidemment allés au cinéma. Il a hélas choisi un film policier. Le film était plutôt bon, les acteurs ne l'étaient pas trop. Tu aurais naturellement préféré une comédie musicale ?

2 **1.** Un État, comme un ménage, ne peut aucunement dépenser plus d'argent qu'il n'en gagne. – **2.** On peut en effet (bien sûr, évidemment, certes) présenter les choses comme ça. Mais il ne faut tout de même pas oublier qu'à notre époque, c'est une règle plutôt difficile à appliquer. – **3.** Je n'ai nullement envie d'entrer dans une telle discussion.

3 **1.** Comme cette scène de chasse est bien représentée ! – **2.** Que ce bleu est beau ! – **3.** Quelle audace dans les formes, chapeau ! – **4.** Comme cette toile suscite de la tristesse !

4 **1.** D'abord, vous pourriez faire une visite de la vieille ville. – **2.** Puis, vous devriez visiter le musée Courbet. – **3.** Ensuite, il serait intéressant d'aller vous promener à la source de la Loue. – **4.** Enfin, vous pourriez visiter une fromagerie de la région où on vous expliquera comment on fabrique le gruyère.

5 **1.** D'abord, c'est une voiture qui n'est pas chère. – **2.** Par ailleurs, elle a une très bonne tenue de route. – **3.** De plus, elle est spacieuse. – **4.** En outre, elle consomme peu. – **5.** Enfin, elle est très élégante.

6 Tu aurais au moins pu me téléphoner pour me dire que tu serais en retard ! J'ai attendu plus d'une heure. – C'est un très bon film ; du moins c'est ce que disent les journaux.

Exercices p. 101

1 **1.** simplement. Il s'habille simplement. – **2.** tranquillement. Les enfants jouent tranquillement dans le jardin. – **3.** soudainement. La tempête se leva soudainement. – **4.** totalement. Vous vous êtes totalement trompé. – **5.** heureusement. Heureusement, elle m'a prévenu. – **6.** naturellement. Il parlait naturellement comme d'habitude. – **7.** absolument. C'est absolument faux. – **8.** fréquemment. Dans cette région il pleut fréquemment. – **9.** prudemment. Conduisez prudemment ! – **10.** constamment. Elle l'interrompait constamment.

2 très bien, bon, très bon, bien.

3 ensemble, tout, tout à l'heure, tout à fait.

4 très bien, trop, beaucoup trop, très bien, toute, comme d'habitude, toujours beaucoup.

Exercices p. 103

1 Je vais plutôt bien en ce moment. Je travaille beaucoup, je sors peu, je fais régulièrement du sport, je dors bien. Ils ne sont pas très sympathiques... Ils parlent très fort.

2 Il a toujours nié avoir été l'auteur du hold-up. Il est déjà arrivé que l'on condamne un innocent, mais on n'a pas encore vu quelqu'un comme lui être blanc comme neige. Il a réagi violemment (il a violemment réagi) aux accusations. On n'a toujours pas trouvé ses empreintes. La police a pourtant cherché partout.

3 Peut-être va-t-il venir dans la soirée. Sans doute aura-t-il pris ses précautions. Aussi malin qu'il soit, nous serons là pour l'attendre. À peine sera-t-il entré dans l'immeuble que nous bloquerons les issues. Aussi pourrons-nous l'arrêter tranquillement, sans risques inutiles.

4 **1.** assez = quantité = suffisamment ; maintenant = temps = à présent – **2.** assez = précision = plutôt – **3.** plus = quantité = davantage – **4.** plus = quantité = ø – **5.** heureusement = manière = bien terminé – **6.** heureusement = jugement = par chance – **7.** bien = intensité = très – **8.** bien = affirmation = tout à fait. – **9.** bien = manière = parfaitement. – **10.** bien = quantité = beaucoup.

Chapitre 16   Les prépositions

Exercices p. 105

1 **A.** au, au, à, à, à, à, à, au, au.
B. à la, à l', aux, à, à, auquel, à, à, au.

2 **1.** marcher à pas lents. Il marchait toujours à pas lents comme s'il était fatigué. – **2.** parler à voix basse. Nous parlions à voix basse pour ne pas réveiller le bébé. – **3.** se déplacer à bicyclette. Pendant la grève des transports, les Parisiens se déplaçaient à bicyclette. – **4.** marcher à reculons. Il s'est heurté à un passant en marchant à reculons. – **5.** avancer à tâtons. Dans l'obscurité nous marchions à tâtons car nous avions peur de tomber.

3 **A. 1.** d = à la – **2.** f = à la. Cette lettre est écrite à la machine, elle est plus présentable. – **3.** a = au. Le tissu est toujours vendu au mètre. – **4.** e = au. Le sucre se vend au kilo ou à la livre. – **5.** b = à la. J'ai trouvé sous ma porte un message qui avait été écrit à la main. – **6.** c = au. L'huile se vend au litre ou au demi-litre.
B. 1. e = à. Nous lui avons offert un sac à main. – **2.** d = à. Les enfants commencent leur apprentissage de la musique avec une flûte à bec. – **3.** c = à. Les jeunes adolescentes aiment bien en général porter des chaussures à talons hauts. – **4.** a = à. Sur la table il y avait des verres et un seau à glace. – **5.** b = à. Un fer à repasser sert à repasser les vêtements. – **6.** f = à la. Son dessert préféré est le chou à la crème.

Exercices p. 107

1 de, de la, d', de, de, de, de la, du, de, de, de, de.

2 **1.** est fier de – **2.** est satisfaite de / contente de – **3.** suis sûr de – **4.** est responsable de.

3   **1.** savoir parler anglais – **2.** d'obtenir un visa – **3.** s'inscrire le plus tôt possible – **4.** trouver une station-service dans le quartier – **5.** trouver un hôtel pas cher dans Paris.

4   **1.** Elle avait très faim au point d'en mourir. – **2.** Il était tellement heureux qu'il en pleurait. – **3.** J'avais tellement honte que mon visage était tout rouge. – **4.** Nous avions si peur que nous tremblions.

5   **1.** regarder d'un air bizarre – **2.** rire d'un air moqueur – **3.** marcher d'un pas léger – **4.** travailler de façon régulière.

Exercices p. 109

2   **1.** en, dans, en – **2.** dans, en – **3.** en, dans – **4.** dans, en – **5.** en, dans – **6.** en, dans, en – **7.** en, dans – **8.** en, dans – **9.** en, dans – **10.** en, dans – **11.** en, dans – **12.** en, en, dans.

Exercices p. 111

1   **1.** par mail, par téléphone, par SMS – **2.** par intérêt, par négligence, par vengeance, par méchanceté – **3.** par hasard – **4.** par François Villon, par un inconnu – **5.** une fois par semaine – **6.** par de la danse, par de la musique – **7.** par la fenêtre.

2   **1.** Il est pour Christophe. – **2.** pour nous impressionner – **3.** pour travaux – **4.** pour sa gentillesse – **5.** pour un mois – **6.** pour rénovation – **7.** pour trafic de drogue.

3   **1.** pour, pour – **2.** par – **3.** pour – **4.** par – **5.** par, par – **6.** par – **7.** pour – **8.** pour, par – **9.** pour – **10.** par.

Bilan n°5   p. 112-113

1   **1.** Il se demande s'il aura assez d'eau. – **2.** Il voudrait bien savoir si ses appareils de liaison résisteront. – **3.** Il aimerait bien savoir si la météo sera favorable ou non. – **4.** Il se demande combien d'icebergs il rencontrera. – **5.** Il s'interroge pour savoir s'il aura la force de résister à la solitude. – **6.** Il aimerait savoir comment le bateau réagira dans les 40ᵉ rugissants. – **7.** Il voudrait bien savoir quand il arrivera et s'il arrivera.

2   Le Premier ministre a dit qu'il ne changerait pas de cap, que lui-même et son gouvernement avaient pris les meilleures options. Qu'il n'y en avait pas d'autres possibles. Que les résultats seraient bientôt visibles. Qu'il suffirait d'un peu de patience pour que la situation ait le temps de s'améliorer et que tout le monde puisse bénéficier enfin de la bonne santé des entreprises et des finances publiques.

3   veille, pendant, lendemain, soir, lendemain, durant, nuit-là, matin, journée, soir, nuit-là, journée-là.

4   **1.** agréablement. Nous avons passé agréablement la soirée. – **2.** prudemment. Il agit toujours prudemment – **3.** élégamment. Il était toujours habillé élégamment. – **4.** gentiment. Elle nous a répondu gentiment. – **5.** éternellement. Elle disait qu'elle l'aimerait éternellement. – **6.** naïvement. Il se conduit naïvement. – **7.** amoureusement. Ils étaient enlacés amoureusement. – **8.** assidûment. Si vous voulez progresser, travaillez assidûment.

5   juste, évidemment, longtemps, précisément, encore, lentement, bien, à peine, élégamment, d'habitude, poliment, aussitôt, longuement.

6   **A.** en, en, d', d', de, du, des, dans le, par, par, de, d', en, à, de.
B. de, à, à, en, pour, à, en.

Chapitre 17   Les pronoms relatifs

Exercices p. 115

1   **1.** Elle vit dans une petite ville de province où elle s'ennuie. – **2.** J'ai rencontré par hasard un ami que je n'avais pas vu depuis trois ans. – **3.** Ils ont loué une maison qui se trouve près de celle de leurs parents. – **4.** C'est une boutique d'antiquités où on trouve surtout des objets du XIXe siècle. – **5.** J'ai lu un livre magnifique que tous les jeunes devraient avoir lu.

2   que, qui, où, qu', qui, qu'.

3   **1.** d'où – **2.** là où – **3.** par où – **4.** partout où – **5.** là où.

4   **1.** à quoi – **2.** par quoi – **3.** sur quoi.

Exercices p. 117

1   **1.** Elle m'a donné cette table dont elle n'avait plus besoin. – **2.** Ils travaillent avec un nouveau directeur dont ils se plaignent beaucoup. – **3.** Claire suit un cours intensif d'espagnol dont elle est contente. – **4.** J'ai lu son dernier roman dont je n'ai pas bien compris le sens. – **5.** Il y a cinq blessés, dont trois sont dans un état grave. – **6.** Il habite dans une famille française dont la mère est alsacienne. – **7.** Le chômage est un problème grave dont tous les journaux parlent.

2   **1.** ce que – **2.** ce qui – **3.** ce dont – **4.** ce que.

3   **1.** ce qui – **2.** ce dont – **3.** ce que – **4.** ce dont – **5.** ce sur quoi – **6.** ce pourquoi.

Exercices p. 119

1   **1.** sous lequel – **2.** dans laquelle – **3.** sur lesquelles – **4.** parmi lesquelles – **5.** selon lequel – **6.** avec lequel – **7.** pour laquelle – **8.** par lequel – **9.** pendant lesquelles – **10.** d'après lequel.

2   **1.** C'est un médecin compétent en qui on peut avoir confiance. – **2.** Je te présente mon amie Maud avec qui j'allais au lycée. – **3.** Il a une grande admiration pour cet homme sans qui il n'aurait pas réussi. – **4.** Nous avons revu Christian et Caroline chez qui nous avons dîné il y a quelques jours. – **5.** J'ai deux très bons amis sur qui je peux compter à n'importe quel moment. – **6.** J'ai retrouvé mes amis de lycée parmi lesquels je me sens bien. – **7.** C'est une amie de longue date à qui j'ai proposé de partir avec nous.

Exercices p. 120-121

1   **1.** Oui, c'est une musique à laquelle je m'intéresse. – **2.** Oui, c'est un objet auquel elle tient beaucoup. – **3.** Non, ce sont des détails auxquels il ne faut pas donner d'importance. – **4.** Oui, c'est une heure à laquelle il pourra venir. – **5.** Non, c'est un cours auquel je n'ai jamais assisté. – **6.** Oui, ce sont des activités auxquelles je participe. – **7.** Oui, c'est un projet auquel je continue de travailler. – **8.** Oui, c'est une solution à laquelle il pense toujours. – **9.** Non, ce sont des choses auxquelles je ne crois plus.

2   **1.** au bas de laquelle – **2.** auprès de laquelle – **3.** à l'occasion desquelles – **4.** près desquels – **5.** au-delà de laquelle – **6.** à propos duquel – **7.** au cours de laquelle – **8.** à la suite desquelles – **9.** à l'intérieur desquels.

3   **1.** En été, les amis près de qui nous avons passé des vacances avaient un voilier. – **2.** Le couple auprès de qui il vivait pendant son séjour en Angleterre avait cinq enfants. – **3.** Au lycée, le professeur de philosophie pour qui on avait une grande admiration nous racontait des anecdotes passionnantes. – **4.** L'homme à propos de qui les voisins racontent des histoires invraisemblables est en fait un vieux comédien talentueux.

4   qui, dont, duquel, desquels. Ce qui, dont, auquel.
La scène qui m'a frappé quand j'étais jeune est celle où le jeune héros combat toute la nuit seul contre le dragon pour sauver la princesse qu'il aime et dont le père est le roi d'une contrée lointaine. Il finit par tuer le dragon et il épouse celle dont il est amoureux.

Chapitre 18   Les pronoms personnels compléments

Exercices p. 123

1   **1.** je lui ai téléphoné, je ne lui avais pas téléphoné. – **2.** nous en avons fait, nous n'en avons pas fait pour l'hôtel. – **3.** nous l'avons visité, nous ne l'avons pas visité. – **4.** j'y suis allé, je n'y étais pas allé. – **5.** j'y ai réfléchi, je n'y ai pas réfléchi.

2   **1.** lui en a offert – **2.** nous la lui avons envoyée – **3.** je te la laisserai – **4.** je leur en ai prêté une – **5.** je vous ai conviés.

3   **1.** Réfléchissez-y mais n'y réfléchissez pas trop. – **2.** Envoyez-lui un SMS mais ne lui envoyez pas dix SMS. – **3.** Mangez-en mais n'en mangez pas trop. – **4.** Gâtez-le mais ne le gâtez pas trop.

4   **1.** Donne-m'en – **2.** Ne leur en donnez pas. – **3.** Offre-lui-en un. – **4.** Ne le lui présente pas.

Exercices p. 125

1   **1.** donne-les-nous. – **2.** donne-le-moi. – **3.** ne m'en donne pas. – **4.** ne me le donne pas. – **5.** ne me le montre pas. – **6.** ne me le dis plus. – **7.** donne-m'en encore. – **8.** confie-le-nous.

2   **1.** l' – **2.** j'y – **3.** le – **4.** y – **5.** en – **6.** j'y – **7.** l' – **8.** en

3   **1.** Elle le croit – **2.** Ils l'ont promis. – **3.** J'en ai souvent eu envie. – **4.** Nous y avons longuement réfléchi. – **5.** Il ne s'en est pas rendu compte. – **6.** Vous n'y avez pas prêté attention. – **7.** Ils ne s'en sont pas aperçus. – **8.** Elle ne s'en souvenait plus. – **9.** Ils l'ont interdit. – **10.** Il n'y pense déjà plus.

Chapitre 19   Les pronoms indéfinis

Exercices p. 127

1   – Pierre m'a dit que vous aviez changé de femme et de travail ; mais pas de maison, j'espère ? – Pas encore, mais j'y penserai. – Pierre m'a dit que vous aviez emporté un vase précieux appartenant à votre femme. Mais je ne l'ai pas cru, car Pierre est vraiment bizarre. – Dans une semaine vous apprendrez la vérité. Patientez.

2   rien, personne, nulle part, tout le monde.

3   Personne, chacun, rien, tout, chacun.

4   **1.** personne (ne) – **2.** quelqu'un (ne) – **3.** quelque chose – **4.** les autres – **5.** les mêmes – **6.** d'autre chose – **7.** rien – **8.** certains, d'autres.

Bilan n°6   **p. 128-129**

1   **1.** Il vient d'acheter une voiture d'occasion dont la carrosserie doit être repeinte. – **2.** Je vous présente mon amie Brigitte avec qui je partage un appartement. – **3.** Elle veut bien me prêter son ordinateur dont elle ne se sert pas souvent. – **4.** Nous aimons bien monter sur la falaise d'où nous voyons tout le village serré autour du fleuve. – **5.** Je viens de recevoir un mail auquel il faut que je réponde tout de suite. – **6.** C'est un outil pratique avec lequel on peut faire beaucoup de choses dans le jardin. – **7.** Dans le salon il y a une cheminée au-dessus de laquelle est accroché un miroir vénitien. – **8.** Il a reçu une bourse grâce à laquelle il pourra continuer ses études. – **9.** Le professeur nous a donné des sujets de dissertation parmi lesquels deux sont sur la liberté et un sur le bonheur. – **10.** J'ai trouvé un coffret au grenier à l'intérieur duquel il y avait de vieilles photos de famille. – **11.** C'était un professeur à l'égard de qui tous les élèves avaient du respect.

2   **1.** ce qu'il – **2.** ce qui – **3.** ce dont – **4.** ce que – **5.** ce que, ce dont – **6.** ce qui – **7.** ce à quoi – **8.** ce sur quoi.

3   **1.** je ne les ai pas oubliés – **2.** j'en suis sûr – **3.** nous n'y sommes pas allés – **4.** j'en veux bien encore un peu – **5.** ils ne s'y attendaient pas – **6.** je m'en souviens – **7.** il le leur a dit – **8.** elle me l'a rappelé **9.** ils le savent – **10.** elle n'y est pour rien.

4   **1.** D – **2.** C – **3.** E – **4.** B – **5.** A.

5   **1.** Nul, B – **2.** Tout, A – **3.** Chacun, D – **4.** Tel, C.

Chapitre 20   La situation dans le temps

Exercices p. 131

1   Dans la soirée d'hier Maryline est partie de chez elle. Aujourd'hui elle prendra l'avion pour Bangkok à 22 heures. Elle arrivera demain matin tôt à Bangkok.

2   depuis quelques mois, toujours, bientôt / dans un avenir proche.

3   avant, aussi, depuis, tous les, après, avant-hier, autrefois, maintenant, d'aujourd'hui.

4   auparavant, depuis, depuis, tous les jours, désormais, bientôt, à ce moment-là.

Exerices p. 133

1   Il pleut depuis huit jours. Ça fait huit jours qu'il pleut. Voilà huit jours qu'il pleut. Elle ne mangeait plus depuis trois jours. Ça faisait trois jours qu'elle ne mangeait plus. Voilà trois jours qu'elle ne mangeait plus.

2   Il a atterri à midi, il redécollera à 14 heures. Il racontait qu'il avait atterri à midi et qu'il redécollerait deux heures plus tard / après. Il avait atterri à midi et il redécollerait deux heures plus tard / après.

3   qui vient/qui suit, les minutes qui viennent, l'heure qui vient, avant, dans.

4   J'y habite depuis quelques mois seulement. – Je ne travaille plus depuis quinze jours. – J'ai travaillé dans cette société pendant dix ans. – depuis peu.

5   étions, nous nous sommes, depuis, sommes, depuis, aurait fait, pendant, depuis, est, est resté, pendant.

6   **1.** pendant, en – **2.** en, en – **3.** pendant, en.

Chapitre 21   L'expression de la cause

Exercices p. 135

1 1. parce que je dois passer à la banque avant la fermeture – **2.** parce que son visa expire – **3.** parce que j'étais malade – **4.** parce qu'il avait peur de sa réaction.

2 1. avait oublié, ne voulait pas – **2.** était – **3.** va faire – **4.** j'ai.

3 1. Puisqu'il n'est pas prêt – **2.** Puisque le sujet t'énerve – **3.** Puisque vous l'avez déjà vu.

4 1. Du fait que les loyers sont chers, les gens désertent les grandes villes pour allez habiter en banlieue. – **2.** Étant donné que les gens regardent beaucoup la télévision, le cinéma est en crise. – **3.** Étant donné que vous n'avez pas 18 ans, vous avez besoin d'une autorisation parentale. – **4.** Du fait que les aiguilleurs du ciel sont en grève, les avions ne partiront pas.

5 1. Ils ne sont pas venus au cinéma avec nous sous prétexte qu'ils avaient vu le film. – **2.** Ils ont détruit ce vieil immeuble sous prétexte qu'il représentait un danger. – **3.** Elle ne m'a pas écrit sous prétexte qu'elle avait perdu mon adresse.

Exercices p. 137

1 1. grâce à – **2.** grâce à – **3.** à cause de – **4.** à cause du, de – **5.** grâce à – **6.** à cause.

2 1. des fêtes de Noël – **2.** d'une manifestation – **3.** sa note excellente en anglais – **4.** la tempête – **5.** des fêtes – **6.** à cause de sa note en espagnol – **7.** grâce à l'argent que leur grand-mère leur a donné.

3 1. Nous sommes rentrés du fait de la tempête. – **2.** La rue est interdite à la circulation étant donné les travaux. – **3.** étant donné l'augmentation des prix – **4.** du fait du scandale autour de sa vie privée – **5.** étant donné le vote de la nouvelle loi par l'Assemblée – **6.** du fait du grand nombre de fraudes.

4 1. il s'était violemment opposé à l'autorité du général – **2.** elle y a passé toute son enfance – **3.** elle fête ses vingt ans de mariage – **4.** c'est un roman facile à lire.

Chapitre 22   L'expression de la conséquence

Exercices p. 139

1 1. j'ai appelé le médecin de nuit – **2.** le couvre-feu a été institué – **3.** la population s'est révoltée – **4.** ses douleurs sont revenues – **5.** qu'elle est tombée en panne – **6.** les autorités prirent des mesures de sécurité – **7.** les champs étaient inondés – **8.** elle a eu une amende – **9.** j'ai eu une facture majorée de 10 % le mois suivant.

2 1. si – **2.** tant – **3.** si – **4.** si – **5.** tant – **6.** si.

3 1. tellement / tant – **2.** tellement – **3.** tant de – **4.** tellement – **5.** tant – **6.** tellement – **7.** tant/tellement.

4 1. Il est si ému qu'il ne peut plus parler. – **2.** Il y a un grand choix de vêtements si bien qu'il est difficile de choisir. – **3.** Il y avait beaucoup de bruits tant et si bien que nous n'avons pas entendu l'orateur. – **4.** Il avait tellement faim que l'estomac lui faisait mal. – **5.** Les manifestations étaient si violentes que la police est intervenue. – **6.** Les femmes travaillent de plus en plus si bien que le taux de natalité a baissé.

1 **1.** alors – **2.** alors – **3.** donc – **4.** donc – **5.** donc – **6.** alors.

2 **1.** son récital a été annulé – **2.** qu'il a été poursuivi – **3.** il était fermé – **4.** elle est interprète – **5.** j'ai un bras dans le plâtre – **6.** qu'elle a beaucoup souffert moralement – **7.** les syndicats ont-ils lancé un mot d'ordre de grève – **8.** le calme est-il revenu dans le pays.

3 **1.** Tous les partis y sont représentés, c'est pour cette raison que c'est une véritable démocratie. – **2.** *Madame Bovary* de Flaubert a été jugé roman immoral ; aussi a-t-il été censuré. – **3.** Fenêtre en ancien français s'écrivait «fenestre » ; c'est la raison pour laquelle il y a un accent circonflexe sur le « e » – **4.** Un train a déraillé, c'est pour cela que la ligne sera fermée pendant trois jours. – **5.** Il s'est mis à hurler et à nous insulter, c'est pour ça qu'on a quitté la pièce sans répondre. – **6.** Vous n'avez pas de pièces d'identité, donc nous ne pouvons pas vous payer. – **7.** Un désordre général régnait sur le pays. Ainsi l'armée a-t-elle pu prendre le pouvoir. – **8.** Il avait insulté le patron ; c'est la raison pour laquelle il a été renvoyé. – **9.** Le triangle a un angle droit, par conséquent c'est un triangle rectangle.

Chapitre 23   L'expression de la comparaison

1 **1.** … comme on aime le faire chaque année. – **2.** comme chaque fois qu'elle est bouleversée / comme chaque fois qu'un tel événement arrive. – **3.** comme tu le fais – **4.** comme tu voudras – **5.** comme vous le dites.

2 **1.** tel qu'il est – **2.** telle que – **3.** tels que – **4.** telles que – **5.** telle que

3 **1.** Une chemise en laine est plus chaude qu'une chemise en coton. Elle est beaucoup plus chaude. Elle est bien plus chaude. – **2.** L'anglais est plus facile que le chinois. Il est beaucoup plus facile. Il est bien plus facile. – **3.** Les problèmes d'appartement à Paris sont plus nombreux qu'à New York. Ils sont beaucoup plus nombreux. Ils sont bien plus nombreux. – **4.** Le football est plus populaire que le tennis. Il est beaucoup plus populaire. Il est bien plus populaire. – **5.** Le mois de juillet a autant de jours que le mois d'août.

4 **1.** Plus on est de fous, plus on rit. – **2.** Plus on juge, moins on aime. – **3.** Plus tu travailles, plus tu réussiras.

5 Plus je voyage, plus j'ai envie de partir loin.
Moins tu fais de sport, plus tu grossis.

1 **1.**/ d Mentir comme un arracheur de dents – **2.** / c Bavard comme une pie – **3.** / e Gai comme un pinson – **4.** / b Têtue comme un âne – **5.** / a Fier comme un paon.

2 **1.** en / Elle a une jolie bouche en cœur. – **2.** de / Il mange beaucoup, il a un appétit d'ogre. – **3.** en / Il était très généreux, il avait un cœur en or. – **4.** de / Elle est toute menue, elle a une taille de guêpe. – **5.** en / Ils sont très amis. Luc agit toujours en frère avec Marc.

3 **1.** Par rapport à d'autres mégalopoles / en comparaison d'autres mégalopoles, Paris a peu de gratte-ciel.
2. En comparaison de leurs voisins européens / par rapport à leurs voisins européens, les Français ont beaucoup de congés.

3. La vie à la campagne par rapport à la vie en ville / en comparaison de la vie en ville, est plus calme mais plus ennuyeuse.
4. Le taux de natalité en France par rapport à celui de certains autres pays européens / en comparaison de certains autres pays européens est plus élevé.

4 ressemble à, comparer à, ressemble à, j'ai l'impression, ne sont pas comparables, n'ont rien en commun, semble, paraît.

Bilan n°7   p. 146-147

1 – Le départ pour Mar del Plata avait été fixé pour le 28 décembre.
– La veille avait eu lieu une dernière réunion au cours de laquelle le parcours de la course avait été étudié dans le moindre détail.
– L'avant-veille, entraîneurs et mécaniciens s'étaient réunis pour coordonner leurs actions.
– Quatre jours avant le départ, les équipes avaient été regroupées et s'étaient entraînées.
– Une semaine après le départ pour Mar del Plata, un camp de base sera mis en place.
– Quatre jours plus tard, on procédera aux dernières mises au point des voitures et des motos.
– Le lendemain, enfin, ce sera le départ de la course et que le meilleur gagne !

2 Pendant la première heure de course, tout se passa normalement.
Après, le vent se leva. Au début, il n'était pas trop fort et il ne gêna pas trop les pilotes, il les ralentit seulement un peu. Le vent souffla ainsi pendant environ une heure. Mais ensuite il souffla de plus en plus fort. La visibilité devenue nulle obligea les pilotes à s'arrêter et à s'abriter comme ils purent. Heureusement, au bout d'une heure, qui en parut plusieurs, le vent tomba et les pilotes purent repartir. Le premier de la course eut la malchance de rencontrer un troupeau de lamas en traversant un village, sa voiture assez abîmée l'obligea à s'arrêter. En peu de temps, le second et son suivant l'avaient rejoint et dépassé. En un quart d'heure, il avait perdu la première place et avait désormais 35 minutes de retard au classement. Derrière, il y avait eu aussi de la casse, des ennuis mécaniques. Une voiture s'était même retournée, sans faire, heureusement, de blessé. Finalement, le vent fut le protagoniste le plus important ou tout du moins le plus impressionnant de cette journée de course.

3 **1.** à cause du – **2.** grâce – **3.** du fait de – **4.** En raison des, de – **5.** À cause du.

4 **1.** tant et si bien que – **2.** si, que – **3.** tellement, que – **4.** si / tellement, que – **5.** si bien qu'il – **6.** tellement / si, que.

5 **1.** j'étais en colère – **2.** elle connaît nos méthodes de travail. – **3.** il n'est pas guéri – **4.** nous ne l'entendions pas – **5.** qu'ils ont eu une sanction – **6.** l'équipe a de fortes chances de gagner – **7.** elle avait peur qu'il (ne) se mette en colère.

6 tellement / si, si bien que, que, donc, tant et si bien que, de sorte.

7 **1.** L'homme des années 1960 était beaucoup moins sportif que l'homme des années 1990. – **2.** L'équipe brésilienne de football est tout aussi performante que l'équipe italienne de football. – **3.** La langue française est beaucoup moins parlée que la langue anglaise.

Chapitre 24   L'expression de l'opposition et de la concession

Exercices p. 149

1 **1.** celui-là ne l'est pas – **2.** celui-ci est direct – **3.** son frère ressemble à son père – **4.** qu'il fallait commencer par répondre aux questions proposées.

2 1. Elle travaillait dur pendant qu'ils jouaient aux cartes. – **2.** Tout le monde se prépare pour la fête tandis qu'elle pleure dans sa chambre. – **3.** Les voleurs cambriolaient la maison pendant qu'ils dormaient à poings fermés.

3 1. Au lieu de boire un apéritif, je prendrai un jus d'orange. – **2.** Au lieu de mettre de l'huile, utilisez du beurre. – **3.** Nous prendrons le train au lieu de l'avion. – **4.** Pour son anniversaire elle veut un disque au lieu d'un livre. – **5.** Je prendrai un hors-d'œuvre et un dessert au lieu d'un plat.

4 1. son frère qui mange comme un ogre – **2.** Paris est une ville ancienne – **3.** sa sœur qui est docile et calme – **4.** celui du sud qui est souvent ensoleillé.

5 1. en revanche ils n'aiment pas les films psychologiques – **2.** par contre il déteste la chasse – **3.** en revanche je n'aurais pas voulu être chirurgien – **4.** par contre son mari voulait un garçon.

Exercices p. 151

1 1. ce soit – **2.** ne sont pas – **3.** aient été signés – **4.** ne m'écrive – **5.** a fêté.

2 1. Il est passé près de moi sans que je l'aie vu. – **2.** Un voleur lui a pris son sac sans qu'elle ait eu le temps de réagir. – **3.** Le professeur les a punis collectivement sans chercher à connaître l'origine du chahut. – **4.** Ils se sont mariés sans que personne ne le sache.

3 1. Il est sorti sans manteau malgré le froid. – **2.** En dépit des nombreuses recherches sur la maladie, aucun vaccin n'a été trouvé. – **3.** Les gens continuent de consommer malgré l'augmentation des prix. – **4.** En dépit des menaces de son propriétaire de le poursuivre en justice, il ne paye toujours pas son loyer. – **5.** En dépit des mauvaises critiques, ce film a eu du succès auprès du grand public.

4 1. il a quitté le pays sans me rendre visite – **2.** il y en a de plus en plus – **3.** elle ne voulait pas sortir – **4.** ils ne font pas grand-chose pour protéger l'environnement – **5.** il resta actif toute sa vie.

Chapitre 25   L'expression du but

Exercices p. 153

1 1. ne puissent pas – **2.** ne refroidisse pas – **3.** aillent – **4.** ne se perdent pas – **5.** soit.

2 1. Ils ont acheté une voiture pour/afin d'aller voir leurs parents le dimanche. – **2.** Le moniteur a ajouté un entraînement pour que/afin que les joueurs soient prêts pour le match. – **3.** Il lui a prêté un maillot de bain pour que/afin qu'il aille à la piscine. – **4.** J'ai mis deux pulls pour/afin de ne pas avoir froid.

3 1. sa sœur ne la lui prenne – **2.** emporter d'argent liquide – **3.** qu'ils les punissent – **4.** tomber en panne.

4 1. le repassage – **2.** le dépannage – **3.** la préparation – **4.** l'achat.

Chapitre 26   L'expression de la condition et de l'hypothèse

Exercices p. 155

1 1. êtes, partirez – **2.** envoyez / avez envoyé, aurez – **3.** donne, regarderons – **4.** ne s'améliore pas/ne s'est pas amélioré, devra.

2 1. se décidait, verrait – **2.** était, pourrions – **3.** était, irais – **4.** avais appelé, aurions pu – **5.** avais travaillé, aurais réussi/travaillais, réussirais – **6.** recevait, rembourserait/avait reçu, aurait remboursé. – **7.** j'étais, j'aurais participé/j'avais été, j'aurais participé. – **8.** n'était pas, aurait.

3 1. seraient fermées – **2.** preniez – **3.** ayez réservé – **4.** veuille – **5.** j'arriverais – **6.** ayez.

Chapitre 27   Communication : mécanismes et nuances

Exercices p. 157

1 **1.** Bien sûr qu'elle a réussi. Sans aucun doute. Certainement. Évidemment. Naturellement. – **2.** Tout à fait. Complètement... – **3.** Sûrement. Sans aucun doute... – **4.** À coup sûr. Absolument... – **5.** Bien sûr. Certainement... – **6.** Bien sûr que oui. Oui, bien sûr...

2 **1.** Certainement pas. Absolument pas... – **2.** Non. Pas du tout... – **3.** Bien sûr que non. Évidemment non... – **4.** Aucunement. Pas du tout... – **5.** Certainement pas. Sûrement pas... – **6.** Absolument rien. Certainement rien.

3 **1.** C'est possible, qui sait ? Sans doute pas, mais... – **2.** On verra bien. C'est à voir... – **3.** Qui sait ? Je ne sais pas... – **4.** Dieu seul le sait. Elle hésite... – **5.** C'est possible. Peut-être... – **6.** Je n'en suis pas sûr. On verra bien...

4 **1.** Il se peut qu'il ait de la fièvre. Il est possible qu'il ait de la fièvre. Il n'est pas certain qu'il ait de la fièvre. Il se pourrait qu'il n'ait pas de fièvre. Il n'y a pas de raison pour qu'il ait de la fièvre. Il n'a pas de fièvre. – **2.** Il se peut qu'il fasse une dépression, etc. (idem) – **3.** Il fait un peu froid. Il fait à peine froid. Il ne fait ni froid ni chaud. Il ne fait pas froid. – **4.** Il est possible que ce soit... Il n'est pas certain... Il n'y a pas de raison pour que ce soit une bonne année. Ce ne sera pas une bonne année. Ce ne sera sûrement pas... – **5.** C'est peut-être vrai. On verra bien si c'est vrai. Ça m'étonnerait que ça soit vrai. Ce n'est sans doute pas vrai. C'est faux, archifaux.

Exercices p. 159

1 **A. 1.** Il a sans doute échoué... – **2.** Je me demande si elle a réussi... – **3.** Il est peut-être guéri... – **4.** Peut-être a-t-elle été retrouvée... – **5.** Il n'est pas du tout sûr qu'il soit capable... – **6.** Il sera peut-être condamné. Dieu seul le sait...
B. 1. j'ignore s'il a échoué.. – **2.** Je ne sais pas si elle a réussi... – **3.** Je n'en sais rien... – **4.** Première nouvelle (= je n'en sais rien)... – **5.** Qui peut l'affirmer ? – **6.** Allez savoir !

2 **1.** doute. Il prétend avoir vu... – **2.** incertitude. Il n'est pas certain qu'elle ait été malade. – **3.** négation. Il n'a absolument pas répondu aux accusations. – **4.** doute. Je doute que ces preuves aient permis... – **5.** ignorance. Je n'en sais absolument rien... – **6.** incertitude. Il se peut que je vous permette...

3 **1.** Il n'a aucune chance de réussir. – **2.** Il est impossible qu'il arrive... – **3.** Je ne crois aucunement en lui. – **4.** Je n'en sais rien. – **5.** C'est possible. – **6.** C'est ce qu'on disait.

4 **1.** Il est resté muet. – **2.** Elle a refusé de parler. – **3.** Ils n'ont pas desserré les dents. – **4.** Elle n'avait pas osé dire qu'elle avait été attaquée. – **5.** Il a hésité à dire qu'il voulait..

Exercices p. 161

1 **1.** J'ai envie d'aller... – **2.** Je voudrais bien... – **3.** J'aimerais bien... – **4.** J'ai envie de... – **5.** J'ai l'intention de... – **6.** Je souhaite monter...

2 1. L'opération pourrait/devrait réussir. Il se peut qu'elle réussisse. Elle doit réussir. – 2. pourra se terminer...sera terminée à coup sûr... – 3. a dû être contaminé... n'a pu être contaminé... a sans doute pu/dû être contaminé... – 4. n'ont pas pu être... n'ont pas dû... ont peut-être pu/dû... – 5. le cycliste... n'a pas pu... n'a vraisemblablement pas dû battre... – 6. n'a pas pu réussir... n'a absolument pas pu...

3 1. par les autorités. – 2. selon les médecins. – 3. par la direction. – 4. par mes parents. – 5. par mon médecin.

4 1. C'est fort possible. – 2. Pourquoi pas ? – 3. Oui, peut-être et alors ? – 4. Impossible. – 5. On l'a pourtant laissé parler.

Exercices p. 163

1 1. Il est indispensable que vous passiez une visite médicale sinon vous ne serez pas embauché. – 2. Il est indispensable que vous soyez vacciné contre la typhoïde sinon vous ne partirez pas. – 3. Il est impératif que vous ayez un visa sinon vous ne sortirez pas de l'Union européenne. – 4. Il est souhaitable que vous soyez inscrit avant le 15 juin sinon vous risquez de ne pas avoir de places.

2 1. Je m'oblige à faire du sport tous les jours. – 2. Je m'oblige à lire avant de m'endormir. – 3. Je m'oblige à dormir huit heures par jour. – 4. Je m'oblige à ne pas accumuler de courrier.

3 1. Il doit être loin à l'heure qu'il est. – 2. Il a dû faire très froid cette nuit. – 3. Elle doit être bien belle pour être ainsi adorée. – 4. Vous avez dû beaucoup souffrir avec ce zona.

Exercices p. 165

1 1. J'ai aperçu... – 2. J'ai entrevu... – 3. Je n'ai pas pu voir mes concurrents. – 4. J'ai cru voir l'orage arriver. – 5. Je n'ai pas eu le temps de voir le coup venir. – 6. J'ai d'une certaine manière été sensible à son charme. – 7. Pas comme j'aurais dû. – 8. Sans les entendre vraiment.

2 2. Quel beau tableau ! – 3. Je ne peux pas tolérer une attitude aussi anormale. – 4. Elle avait l'art de préparer un bon repas en peu de temps. – 5. Quelle tristesse cet enfant ! – 6. C'était l'amour de sa vie. – 7. C'est une affirmation fausse que je ne peux pas accepter.

3 1. et je ne comprends pas qu'elle ait un tel succès – 2. tu n'as fait aucun effort – 3. ne pas répondre à son invitation – 4. payer pour les autres – 5. parler de ça maintenant – 6. me donner les détails de cette affaire – 7. c'est un bon travail – 8. cette histoire s'arrange – 9. leur présenter mes excuses.

Bilan n°8   p.166-167

1 1. alors que – 2. pendant que – 3. Au lieu de – 4. Contrairement à – 5. cependant – 6. en revanche – 7. Par contre.

2 1. bien que – 2. même si – 3. bien qu'il – 4. Même si – 5. sans que – 6. Malgré – 7. même si.

3 1. Bien qu'il ait plu beaucoup, nous avons passé de bonnes vacances. – 2. Il a été réélu quoique sa campagne ait été mauvaise. – 3. Il était sorti sans que personne ne s'en soit rendu compte. – 4. Malgré un excellent entraînement, l'équipe a perdu. – 5. Sans l'avoir jamais rencontré, je l'ai reconnu tout de suite. – 6. Il a beaucoup de talent, cependant ses œuvres ne sont pas très connues. – 7. Même si elle a mauvais caractère, je l'aime bien. – 8. Elle a échoué en dépit de ses efforts.

4 1. pour que, puisse être soigné. – **2.** pour savoir – **3.** pour/afin de, y mettre. – **4.** pour qu'il puisse économiser, qu'il en ait assez. – **5.** de peur d'avoir.

5 1. Si j'avais eu de l'argent. – **2.** Si je n'avais pas été aussi étourdi. – **3.** Si je me dépêche. – **4.** Si tu partais. – **5.** Si je gagnais au Loto. – **6.** Sans son réflexe.

6 1. nous partirons en août. – **2.** je sortirai samedi soir. – **3.** vous veniez me chercher, je sortirai avec vous. – **4.** nous aurions un empêchement – **5.** je pourrais faire un grand voyage – **6.** vous ne vous perdrez pas – **7.** il s'inscrit dans un demi-cercle – **8.** nous serons exactement vingt.

7 dit-on, il semble, presque, certains, n'hésitent pas, en dépit de, ce bel, n'est pas vraiment, d'ailleurs, semblent, plus qu'ailleurs, à tort ou à raison, craindre, à tort ou à raison, sans doute.

Activités communicatives

Garçon, s'il vous plaît ! p. 168

1 • un steak • le gâteau • l'entrecôte bordelaise • des sorbets • une tarte salée • le sorbet litchi-haricot rouge • la tarte provençale • une création du chef • la quiche lorraine • l'entrecôte • un dessert • le sorbet • les desserts • l'eau gazeuse • le chocolat • la San Pellegrino.

2 Valeur de généralité – Utilisé avec des noms indiquant une matière.

3 **a.** une – des – une – un. La tarte-tatin
b. un – des – des – le – un. Un mille-feuilles
c. un – des – un – des – des. La charlotte

4 exemples : C'est une soupe faite avec des poissons différents. Avec des pommes de terre et des tomates. Avec aussi de l'ail et de l'oignon et enfin avec un bouquet de thym et de laurier. Quel est son nom ?
C'est un plat fait avec des pâtes. La sauce est faite avec de la viande hachée et des tomates. Ce plat est servi avec du fromage italien rapé. Quel est son nom ?

Des goûts et des couleurs p. 169

2 Il faut du sucre, 200 g de sucre. / Il faut du beurre, 170 g de beurre. / Il faut des œufs, 4 œufs. / Il faut du sel, une pincée de sel. / Il faut des citrons, 4 citrons. / Il faut de poudre d'amendes, 50 g de poudre d'amandes.

3 **b.** un bon acteur : il faut de la sensibilité. / **c.** un bon écrivain : il faut de l'imagination. / **d.** un ami parfait : il faut de la fidélité.

4 À Paris, … il y a du soleil et de la chaleur …, rarement de la neige en hiver plutôt de l'humidité mais hélas de la pluie en toutes saisons …

5 En Écosse, d'une manière générale, le temps est plutôt humide et frais plus accentué en hiver, un peu moins en été, avec un invité surprise, le brouillard.

Souvenirs, souvenirs p. 170

1 **a.** faux – **b.** faux – **c.** faux – **d.** vrai – **e.** vrai – **f.** faux.

② Je me souviens aussi très bien de l'intérieur. Les murs étaient recouverts de papier peint à fleurs et décorés de cadres remplis de vieilles photos de famille. Les meubles étaient couverts de poussière mais surmontés de beaucoup d'objets d'art. La plupart d'entre eux étaient plus ou moins cassés. Il y avait peu d'espaces vides et trop de fouillis.

③ **a.** C'est un professeur trop complaisant : il n'a pas assez d'autorité et il est peu clair dans ses explications. / **b.** C'est un homme politique pas assez prudent et trop bavard. / **c.** C'est un collaborateur trop exigeant et peu compréhensif. / **d.** C'est un père de famille trop autoritaire et trop exigeant.

Présumé coupable p. 171

① **a.** Dans une boîte de nuit. Non il n'y va plus. / **b.** Parce qu'on l'y a vu récemment. En disant qu'il ne sort plus jamais le soir. / **c.** De lui en donner la preuve. / **d.** Pas une seule sauf sa parole. / **e.** En disant qu'il va le faire pleurer.

② Le proviseur : Vous perturbez la classe de français et répondez avec insolence à votre professeur
Élève 1 : Nous ne bavardons pas, nous participons à la classe.
Élève 2 : Je ne réponds jamais avec insolence ni pour faire rire les autres.
Le proviseur : Alors le rapport de votre professeur ne dit que des contrevérités.
Élève 1 : Je ne sais pas monsieur le proviseur, je ne l'ai pas encore vu.

③ Clara : Inès, tu m'as trahie.
Inès : Comment ça. Je ne t'ai pas trahie.
Clara : Je t'avais confié un secret et tu es allée le dire à toutes les filles de la classe.
Inès : Ce n'est même pas vrai. Tu n'en sais rien, tu crois tout ce qu'on te dit.
Clara : J'ai des informations fiables.
Inès : Tu n'as ni preuves ni informations.

④ « On <u>ne</u> rencontre <u>pas</u> beaucoup de traces de vie. On <u>ne</u> voit <u>pas</u> un seul habitant, <u>ni</u> chien <u>ni</u> aucun autre animal qui traînent parmi les décombres. <u>Plus rien ne</u> vit. <u>Personne ne</u> reviendra <u>jamais</u> vivre ici. »

⑤ Ce qui frappe, c'est qu'il n'y a ni portes ni fenêtres.
Il n'y a plus aucun meuble, pas un seul cadre aux murs.
Il n'y a plus rien qui rappelle la vie.
Il y a seulement de la poussière et des toiles d'araignées.

⑥ Il n'y a ni beurre ni huile.
Il n'y a plus de légumes ni de fruits.
Il n'y a pas de biscuits pour le petit déjeuner.
Il n'y a pas de café et pas davantage de sucre.

Le partage des tâches p. 172

① **a.** vrai – **b.** vrai – **c.** vrai – **d.** vrai – **e.** faux – **f.** vrai.

② Dès que tu pourras, il faudra acheter des boissons et de la glace. Une fois que tu auras la glace, il sera bien de mettre les boissons à rafraîchir dans un grand récipient. Après que tu auras fait ça, tu me téléphones et on fera le point.

④ **a.** Le bijoutier ouvre sa bijouterie, il parle à une cliente, les hommes cagoulés entrent, ils plaquent la cliente au sol. Ils donnent l'ordre au bijoutier d'ouvrir son coffre et le menacent avec un fusil à pompe.

b. Plus que parfait – Imparfait – Imparfait – Imparfait – Participe présent – Passé simple – Infinitif passé – Passé simple – Infinitif – Participe présent.

5 J'étais en train de lire tranquillement mon journal sur le quai du métro quand j'ai senti que l'on me bousculait. Je me suis retrouvé face à un homme qui s'est excusé poliment. Étonné, j'ai machinalement porté la main à ma poche arrière. Elle était vide. Mon portefeuille n'y était plus. L'homme avait lui aussi disparu.

Querelles d'amoureux p. 173

1 Dialogue 1
mots introducteurs : Il suffit que / C'est dommage que / Il faudrait que / À condition que
subjonctifs : tu lui écrives / vous vous voyiez / vous ayez / tu sois / tu tiennes / il veuille

Dialogue 2
mots introducteurs : Je ne comprends pas que / Elle ne supporte plus que / Elle ne supporte plus qu' / C'est qu' / Elle veut que
subjonctifs : elle puisse / je veuille / ne contienne pas / il n'y ait pas / il n'y ait pas / tu sois

3 Marie : Je voudrais que mes parents m'oublient un peu.
Sophie : Moi, je préfère qu'ils restent discrètement en retrait.
Marie : Je n'aime pas qu'ils soient toujours derrière moi. Je ne supporte pas qu'ils m'espionnent sans cesse.
Sophie : Il faudrait que tu leur parles, que tu leur exposes tes impressions.
Marie : Je ne comprends pas qu'ils ne s'en rendent pas compte. Je suis fâchée qu'ils ne sentent pas ça.

4 C'est possible que je sois absent demain. Il faudrait que tu téléphones au bureau pour les avertir et leur dire que je serai là après-demain comme d'habitude.
C'est possible que je sois absent demain. Il faudrait que tu conduises la voiture au garage pour la révision. Après tu pourras la faire laver pour qu'elle soit prête pour notre départ en vacances.

La vie après le bac p. 174

1 **a.** vrai – **b.** faux – **c.** vrai – **d.** faux – **e.** faux – **f.** faux.

2 J'irais en Égypte voir les pyramides du Caire. Ensuite j'irais à Louksor visiter les tombes dans la vallée des rois. Pour me reposer de la chaleur, je ferais une promenade en felouk sur le Nil. Avant de rentrer à l'hôtel, je chercherais un taxi pour m'emmener le lendemain à la mer Rouge voir les fonds marins.

3 Si une canicule touchait la terre entière les conséquences seraient dramatiques : plus d'eau dans les rivière. Les plantes, les arbres, toute la végétation crèverait. Les animaux crèveraient à leur tour et les humains suivraient.

4 **a.** Si j'étais vétérinaire de brousse, j'aurais à soigner les troupeaux mais aussi à conseiller et éduquer les éleveurs afin d'optimiser leurs élevages. J'aurais aussi parfois à soigner les animaux du parc. Ma vie ne serait pas monotone.
b. Si j'étais pilote de Formule I, j'aurais d'abord à me maintenir en forme physique en m'entraînant dans une salle mais aussi dans la nature. Ensuite j'aurais à rouler avec mon bolide afin de participer aux réglages du moteur et enfin à me reposer et me décontracter avant le Grand Prix.
c. Si j'étais artiste de cirque, j'aurais à participer au montage et démontage du cirque pour aller de place en place et participer à la vie collective des gens du voyage. Enfin j'aurais à répéter encore et encore mon numéro afin de le parfaire.

d. Si j'étais chef cuisinier, je devrais me lever tôt pour aller aux halles faire mon marcher et choisir de bons produits. Avec ces produits, j'aurais à composer un ou plusieurs menus. Ceci fait, il me faudrait préparer, travailler ces produits. Enfin il me resterait à répartir les tâches de mes équipiers.

Les loisirs p. 175

1   **a.** faux – **b.** vrai – **c.** vrai.

3   – Moi je préfère faire de la musique et jouer de la guitare.
– Tu ne lis jamais ?
– Si, mais seulement des BD.
– Tu ne sais pas jouer d'un instrument ?
– Hélas non. Mais les échecs me font oublier cette absence.
– C'est dommage. Les échecs, ça ne se joue qu'à deux.

4   Se lever tous les matins en se demandant comment on va aider les autres, apporter aux uns un peu de joie, aux autres un peu de réconfort. La générosité, la solidarité, voilà ce qui fait la grandeur de l'homme.

5   Partir au travail en étant attentif à l'environnement, au chant d'un oiseau, à un nuage qui court dans le ciel. Rencontrer un ami, échanger quelques plaisanteries, prendre un café ensemble. Se donner rendez-vous pour un tennis. Faire un plan pour le week-end prochain en famille ou avec les amis, voilà ce qui fait le bonheur de l'homme.

6   D'abord prendre une plaque de chocolat, du sucre, du beurre, du lait et de la farine. Sans oublier des œufs. Casser les œufs dans la farine et bien mélanger. Verser le chocolat fondu et mélanger. Ajouter un peu de sucre et mettre le tout au four.

7   Ne pas oublier de faire bien fondre le chocolat dans un peu de lait. Ne pas oublier de préchauffer le four. Ne pas faire trop cuire, pour cela surveiller la cuisson.

Au club de remise en forme p. 176

1   **a.** On reste assis. → En allongeant les jambes. En redressant le buste.
b. On garde la tête droite. → En regardant devant soi. En mettant les épaules en arrière.
c. On descend. → Vers les pieds, en essayant de les toucher. En enroulant le buste.
d. Le mouvement se fait. → En expirant, puis on déroule en inspirant profondément.

2   **a.** Marchez sur la pointe des pieds en levant les bras le plus haut possible.
b. Courez en touchant le fessier avec les talons.
c. Courez trois pas en faisant ensuite une roulade suivie d'un saut en extension.
d. Courez trois pas suivis d'une flexion, suivie d'un saut en extension bras élevés.

3   Le clafoutis est une spécialité locale du Limousin … Délayez dans une terrine* la farine, le sucre en y ajoutant les œufs un par un. Remuez bien en mettant dans l'ensemble une pincée de sel … Puis filtrez cette pâte en vous assurant qu'il n'y ait pas de grumeaux*. Mettez les cerises noires dénoyautées dans un plat à gratin en les dispersant sur toute la surface… . Saupoudrez de sucre et mettez à cuire au four en vérifiant qu'il soit bien chaud.

Le journal de 19 heures p. 178

1   **a.** vrai – **b.** faux – **c.** faux – **d.** faux – **e.** faux.

2   a été arrêté, a été évité, a été conduit.

3 Ce matin dans une tour de dix étages un incendie s'est déclaré au sixième étage. Les pompiers sont arrivés rapidement. Les locataires ont été évacués vers l'hôpital. L'incendie a été maîtrisé en peu de temps et les dégâts sont relativement peu importants. Une catastrophe a été évitée de justesse.

4 **a.** Hier un acteur célèbre qui était connu du monde entier et apprécié de tous les cinéphiles est mort terrassé par une crise cardiaque. Il sera enterré dans son village natal dès après-demain dans l'après-midi.
b. Une manifestation importante a eu lieu hier après-midi. Elle était organisée par les syndicats de la métallurgie. La police s'est montrée discrète ainsi les incidents graves ont été évités. Quelques blessés légers ont été conduits à l'hôpital, mais les agitateurs arrêtés ont été mis en garde à vue.

5 Un voyage de nature sera organisé pendant les vacances de printemps. Tous les enfants du cycle primaire sont admis à y participer. Les familles qui sont intéressées sont invitées à s'inscrire. Ce voyage durera deux jours. Tous les frais seront payés par la commune. La date limite d'inscription a été fixée au 15 février.

6 Un voyage à Rome sera organisé pendant les vacances de Pâques. Les élèves intéressés sont conviés à une réunion d'information qui aura lieu le samedi 12 mars à 10 heures.

Merci de traduire p. 179

2 Le guide (*en italien*) : Nous sommes à Rome sur la place du Peuple.
Le traducteur : Il dit qu'on est à Rome sur la place du Peuple
Le guide : À gauche, vous avez la Villa Médicis qui reçoit des artistes français des différents ordres artistiques pendant une ou plusieurs années.
Le traducteur : Il dit que à gauche vous avez la Villa Médicis...
Le guide : Avançons. Nous arrivons à la place d'Espagne avec en haut l'église de la Trinita in Monti. À la belle saison il y a des pots de fleurs sur chaque marche. C'est splendide.
Le traducteur : Il dit d'avancer, que nous arrivons...

4 Témoin n° 1 : Il a dit que M. Dupont était un imbécile, doublé d'un nul et il lui a donné une gifle.
Témoin n° 2 : Le voisin a répondu que le plus nul des deux n'était pas celui qu'il pensait et qu'il était bête.
Témoin n° 1 : Il a encore dit qu'il en avait par-dessus la tête de ses insultes et qu'il allait le dénoncer à la gendarmerie.
Témoin n° 2 : L'autre a répliqué qu'il pouvait toujours aller à la gendarmerie et qu'il n'en avait rien à faire.
Témoin n° 1 : Il a menacé son voisin en lui disant qu'il ne lui adresserait plus la parole, qu'il dirait à tous les voisins de faire pareil et qu'il l'obligerait ainsi à partir du quartier.

Une drôle d'histoire p. 180

1 **a.** Oui. C'est lui qui nous a fait rire avec ses aventures en Australie.
b. Dans un restaurant. Une fête d'anniversaire. Au restaurant où j'ai fêté mon anniversaire.
c. Parce qu'il avait dû rester perché sur un arbre.
d. Drôle d'aventure à laquelle j'aurais bien voulu participer.

2 que, qui, lesquelles, à laquelle, duquel, qui, laquelle, auxquels, à laquelle, dont, qui, dont.

3 C'est un film que j'ai beaucoup aimé. C'est l'histoire d'une femme qui oublie son enfant dans une boutique où elle est allée acheter des vêtements. Quand l'enfant s'aperçoit que sa mère n'est plus là, il ne crie pas, il ne pleure pas car il est sourd-muet. Mais les vendeuses ne le savent pas et ne comprennent pas ses gestes. Le problème va être de comprendre cet enfant et de retrouver sa mère ou son adresse.

4
a. qui, que, que, où • Le blaireau
b. qui, qui, dont, où • Le manchot
c. qui, qui, dont, où • La guêpe
d. qui, dont, où, qui, dont • Le vampire, la chauve-souris

5 Je chante tous les étés dans les pins quand il fait chaud. Je ne fais pas de provisions pour l'hiver où je vais mourir de faim et de froid. Qui suis-je ? (Une cigale)

Questions d'actualité p. 181

1 cause : parce que – étant donné que – grâce à
conséquence : ainsi

2 Étant donné que l'État a recapitalisé les banques, il a ainsi essayé d'éviter leur faillite.

3 De cette façon, on évitera les manifestations et les mouvements sociaux qui pourraient se terminer par une crise.

4
a. Pour des raisons de sécurité et pour développer la recherche d'énergies nouvelles et durables.
b. Parce que les politiques ne prennent pas en compte les vrais problèmes des gens.
c. Pour faciliter la circulation et le transport des gens en réduisant la pollution.

5 … de sorte qu'elle a fini par se faire arrêter … Elle a paru tant regretter … elle a été tellement convaincante qu'elle a bénéficié du sursis.

6
a. Il y a trop de bruit sur le boulevard, c'est la raison pour laquelle je ne peux pas dormir.
b. Il y a un incident sur la ligne en conséquence le train aura du retard.
c. La récolte a été mauvaise, donc les prix sont élevés.
d. Les gens veulent acheter leur logement, c'est pour ça qu'ils s'endettent pendant trente ans.
e. L'entrée des cinémas est moins chère le lundi, ainsi les gens sont encouragés à y aller.

7 Les écoles, la poste, la gendarmerie ferment ainsi que les petites succursales de banque. Les médecins qui partent à la retraite ne sont pas remplacés, les jeunes ne veulent pas venir à la campagne. Les petits commerçants ferment les uns après les autres asphyxiés par les grandes surfaces. Comme il n'y a plus de travail, ni activités, ne restent au village que les vieux. Ceux qui ont une voiture et qui peuvent encore conduire arrivent à vivre à peu près normalement. La politique de ces cinquante dernières années a conduit à la désertification des campagnes. On ne parlera plus de la campagne française mais du désert français.

Votre dernière aventure p. 182

1
a. Non. Il a été moins bon que le précédent.
b. Non. Elle a même été plus sûre.
c. Non. Ils gagnent de justesse.
d. Oui. Il a été mieux organisé.

2 Manuel : Cette dernière excursion avait été mieux préparée que les précédentes.
Frédéric : C'est à la fois vrai et faux. Les hôtels choisis étaient moins bien situés en général.

Manuel : Je suis d'accord avec toi. Heureusement les restaurants étaient super.
Frédéric : On peut dire que les guides étaient clairs et précis.
Manuel : C'est tout à fait vrai.

4 Mon dernier voyage en Italie m'a fait oublier celui que j'avais fait il y a trois ans. Avec les Italiens, tout finit par s'arranger même si on peut s'attendre à quelques surprises, tandis que face à la rigueur allemande il n'y a pas de surprise. Quand ils promettent quelque chose, ils tiennent parole.

5 Menteur comme un arracheur de dents.
Voleur comme une pie.
Rusé comme un renard.
Doux comme un agneau.
Sourd comme un pot.
Bête comme ses pieds.

7 Elle, plus je la vois, plus je l'adore.
Plus je mange de ce plat, plus je m'y habitue et plus je l'aime.
Elle, je la déteste, moins je la vois et mieux je me porte.

8 Aussi longtemps qu'on n'exigera pas de ces sportifs précision et rigueur morale on ira de désillusions en désillusions.
Aussi longtemps qu'on ne mettra pas les politiques en face des réalités de la France profonde, il ne faudra pas s'étonner de leur incompréhension des problèmes.

Paris ou la Province ? p. 183

1 Parce que malgré tout ce qu'il déteste de Paris il n'arrive pas à s'en arracher car il y trouve aussi des compensations.

2 Le père : Tu as vu ce livret ? Ce n'est pas un livret scolaire, c'est un casier judiciaire.
Le fils : Papa, je te promets que le mois prochain ça sera mieux.
Le père : Tu m'as dit ça le mois dernier et aujourd'hui voilà le travail.
Le fils : Papa, j'ai fait des efforts mais malgré ma bonne volonté je n'y arrive pas.
Le père : Ta bonne volonté ! Tu n'en as pas. Comment veux-tu qu'elle soit bonne ?

4 mais – Au lieu de – par contre – Heureusement – pourtant – Bien que

5 Pendant que je dormais, j'ai été réveillé par le bruit d'une clé dans la serrure…
J'ai entendu la porte grincer et s'ouvrir, par contre, je n'ai rien vu. Contrairement à ce que tu pourrais penser, je n'ai pas eu peur malgré une crainte légitime je me suis levé doucement. Au lieu d'allumer je suis resté dans le noir même si j'aurais aimé voir si un individu était à l'origine de ces bruits.

Test d'évaluation p. 185

1. en, au, une, à

2. les, la, les, l', la, un

3. une, qui, à, laquelle, ayez fait

4. la, des, peu de, une, de, dont/parmi lesquelles

5. une, grâce, dont

6. malgré / en dépit de, d', qui

7. des, en, ferait, donnerait

8. du, il y ait, puisse

9. des, auxquels, la, le, la, l', le, la, desquels

10. en, à laquelle, dont, jamais

11. que, en, a été, l', par, dans, dans

12. à, se, s'écrit

13. quand, à, a dû, avait

14. sache, avaient

15. fasses, ailles, par, fasses, à ce que

16. ferait, vienne, puissiez

17. fêtera, dans, ce qui, lui, ce qu', n'ait

18. ce dont, celui, lequel

19. depuis, est, ont été, ont été / dans, sera, seront, seront

20. sera, de laquelle, seront, aux

21. un, de, le, le, la

22. ait, soit, dont

23. naquit, mourut, écrivit, gigantesque, fut, eut

24. avait, avait

25. si bien que / de sorte que, écrivent, suivante / d'après

26. à cause, de

27. tant de / tellement de, qu'on n'

28. en raison

29. en faisant, à

30. voyager, allions

31. ayons rangé, ayez répondu, ait jeté

32. donc

33. a fait, ait reçu

34. bien, ait fait des, ait dit

35. ayons fait

Achevé d'imprimer en France en janvier 2014 par Clerc
N° d'éditeur : 10203318